El pensamiento disruptivo en nuestras aulas

Preparando a los estudiantes para su futuro

Eric Sheninger

Translated by James W. Salterio Torres

ConnectEDD Publishing
Hanover, Pennsylvania

Elogios por *el pensamiento disruptivo en nuestras aulas*

Este libro interrumpirá tu día, desafiará tu pensamiento y exigirá leer cada página. Las pepitas están ahí: te pide que adoptes un negocio inusual, el objetivo es el crecimiento, no la perfección, y no hay madrigueras de conejo de pelusa. Eric Sheninger captura un método para lidiar con lo desconocido, para hacer del futuro el presente, e invita a considerar las competencias para hacer que el aprendizaje sea agradable para los lectores y sus estudiantes
– John Hattie, Profesor Laureado Emérito de Melbourne, Estudiante de Posgrado en Educación

Este libro es una reflexión informada de un educador cuya experiencia como maestro, director, instructor de instrucción y aprendiz persistente le permite afirmar el potencial de la enseñanza para dar forma a la vida, incluso cuando se irrita ante las prácticas cansadas del tiempo. Sheninger invita a los lectores a unirse a él en la selección y búsqueda de respuestas a la pregunta: "¿Qué hace que un aula se convierta en una incubadora de la capacidad, la participación y el empoderamiento de los estudiantes?" El libro se lee como una conversación con un colega digno, ya que nos invita a reconsiderar prácticamente todos los aspectos de la enseñanza. Si tiene la idea de que mejorar en lo que hacemos no es negociable para los profesionales dedicados, únase al autor mientras explora el statu quo y brinda orientación práctica para cambiar y abordar las necesidades cambiantes de los jóvenes bajo nuestro cuidado.
– Carol Ann Tomlinson, Ed. D. William Clay Parish, jr. profesora, Universidad de Virginia

Eric Sheninger te ayudará a cambiar tu propia mentalidad y la mentalidad de tus estudiantes con su poderoso y práctico trabajo.
–Daniel H Pink, autor de los best-sellers del New York Times *WHEN, DRIVE,* y *TO SELL IS HUMAN*

Un cambio distintivo en la mentalidad será el punto de inflexión para determinar si su comunidad escolar avanza hacia un futuro prometedor o vuelve a caer en los enfoques formales y anticuados del aprendizaje. Sheninger lo hace de nuevo. Proporciona mercados, pautas y estrategias para guiar a líderes, maestros, padres y estudiantes en lo que puede ser un viaje disruptivo dinámico, productivo y maravilloso.
– Doctora Heidi Hayes Jacobs, autora, diseñadora de sistemas y currículos de Future Forward

Eric ha creado un recurso fantástico para educadores listos para actuar y empoderar a todos los estudiantes. *El pensamiento disruptivo en nuestras aulas* proporciona historias y ejemplos que ilustran la importancia de cambiar la mentalidad hacia prácticas innovadoras y enfatiza la importancia de ver el aprendizaje como un proceso. Si eres un educador que busca una guía que te ayude a salir de tu zona de confort, ¡este libro es para ti!
– Monika Burns, Ed. D. autora de *Task Before Apps* y fundadora de *ClassTechTips.com*

El nuevo libro de Eric Sheninger , *El pensamiento disruptivo en nuestras aulas: preparando a los estudiantes para su futuro,* fue escrito para ayudar a los educadores a reflexionar sobre su práctica con el fin de ayudar a los estudiantes a pensar de manera significativa. Proporciona enfoques prácticos para permitir que esto suceda en una variedad de escuelas y aulas.
– Todd Whitaker, Ed. D., profesor de liderazgo educativo de la Universidad de Missouri

Eric Sheninger ha escrito un libro atractivo y multifacético que termina haciendo que el lector "ame" la disrupción. *El pensamiento disruptivo* resulta ser un hacer disruptivo; Nos muestra que aprender hoy de la manera correcta es, de hecho, prepararse para el mañana. Usando historias, herramientas, marcos, ejemplos de casos y más, Sheninger nos lleva a través de viajes de aprendizaje y viñetas. El lector puede tomar cualquiera de los ocho capítulos y tratarlos como incursiones de aprendizaje intactas en un dominio rico. Las lecciones son ricas y gratificantes, y de hecho "pegajosas" como se titula uno de los capítulos. *El pensamiento disruptivo* es un libro muy gratificante que sigue dando con sus pautas de acción sencillas y prácticas.

– Michael Fullan, profesor emérito, director global, NPDL.

"En muchos casos, enseñamos de la manera en que nos enseñaron y lideramos el camino donde nos guiaron", resume Eric Sheninger sobre los desafíos que enfrentamos hoy en día en la educación. En este libro, Eric resume los cambios esenciales en la lectura y el aprendizaje y señala algunos principios que deberían continuar. Si bien desearía que más escuelas conocieran el concepto del Capítulo 5 sobre el diseño de entornos de aprendizaje combinado efectivos antes de la pandemia, no podemos mirar hacia atrás. Como educadores, debemos enfrentar con firmeza el futuro y *El pensamiento disruptivo en nuestras aulas* es una excelente guía para ayudarnos a hacerlo. Como director de clase mundial, Eric Sheninger está excepcionalmente calificado para escribir este libro. ¡Mejoremos las aulas hoy!

– Vicky Davis @coolcat profesora y conductora. *Podcast de 10 minutos para profesores*

La pandemia de COVID fue un punto de inflexión en torno al cual cambiaron aspectos fundamentales de gran parte de la sociedad, del hogar al lugar de trabajo y a las escuelas. A fin de preparar a los educandos de hoy para un mundo en rápida evolución, necesitamos cambios igualmente grandes en la estructura fundamental de las escuelas, desde nuestras aulas hasta nuestras salas de juntas. ¿Cómo nos proponemos hacer eso? Eric Sheninger, un líder ampliamente reconocido en la reforma escolar, guía el camino a través de los cambios que necesitamos en *El pensamiento disruptivo en nuestras aulas: preparando a los estudiantes para su futuro*. Desde cambiar la mentalidad sobre lo que deben hacer las aulas y las escuelas hasta presentar estrategias basadas en la investigación que funcionan, proporciona un plan para la

transformación para mejorar a TODOS los estudiantes para su futuro y no para nuestro pasado.
 – Bill Daggett, Ed. D. fundador del Centro Internacional para el Liderazgo en Educación (ICLE) y de la Red de Prácticas Exitosas.

Interrumpir la educación por el bien del éxito de nuestros hijos solo funcionará, siempre y cuando no deje a un montón de educadores confundidos y desanimados a raíz de esa interrupción. Sheninger combina años de experiencia y cientos de horas de entrenamiento en las páginas de *El pensamiento disruptivo* como una hoja de ruta para crear escuelas reflexivas que funcionen tanto para niños como para adultos. Este es un texto esencial tanto para los líderes como para los maestros, que buscan crear un mundo nuevo y audaz lleno de aprendizaje alegre, atractivo y exitoso.
 – Weston Kieschnick, profesor galardonado, orador internacional y autor de best-sellers

Cuando la disrupción entra en nuestras vidas, nuestra primera reacción es tratar de encontrar algún nivel de control y normalidad antes de seguir adelante. Sin embargo, después de un año de disrupciones en lo que respecta a la raza, la tecnología y la política, sabemos que no podemos controlarlo, pero sí necesitamos aprender de ello. Sheninger nos ayuda a comprender no solo cómo estas interrupciones pueden ayudarnos en el futuro, sino que también nos ayudó durante nuestro complicado presente.
 – Peter DeWitt, Ed. D., coach de liderazgo/autor/bloguero

El cambio sostenible solo puede ocurrir cuando alteramos el statu quo, así como nuestro propio pensamiento. Eric hace un trabajo maravilloso utilizando experiencias y observaciones reales junto con ejemplos prácticos y cómo se puede hacer esto.
 – Ken Shelton, orador, asesor, consultor

Seamos realistas, el cambio no es más fácil. Para que el aprendizaje esté preparado para el futuro para los estudiantes de hoy, debemos salir de nuestras zonas de confort para cambiar fundamentalmente las estructuras y pedagogías tradicionales. En *El Pensamiento disruptivo en nuestras aulas*, Eric Sheninger comparte un plan para alterar las mentalidades y desarrollar una cultura relevante y personalizada, al mismo tiempo que describe estrategias prácticas y ejemplos de apoyo para hacer que sucedan los cambios necesarios, ¡ahora mismo?

– Thomas C. Murray, director de Nueva Innovación, Future Ready Schools

Eric es considerado uno de los principales expertos en enseñanza y aprendizaje innovadores. En este libro, proporciona estrategias prácticas para que los educadores ayuden a los estudiantes a prepararse para un mundo en constante cambio. Las historias que comparte te tocan el corazón y las estrategias te mueven a implementarlas de inmediato en tu salón de clases o escuela.

– Dwight Carter, educador, orador, autor

El pensamiento disruptivo en nuestras aulas le ofrece a los lectores estrategias y recursos aplicables para satisfacer las necesidades de nuestros estudiantes líderes en 2021 y más allá. Este libro proporciona una gran cantidad de ideas para que los educadores se queden y hagan suyas con el fin de promover el éxito de los estudiantes en su entorno remoto, híbrido o tradicional. Sheninger nos recuerda una vez más que las personas, la pedagogía y la tecnología pueden ser una fuerza imparable que hace que los estudiantes pasen de la tarea a la participación.

– Brad Curry, Sub-director Nacional del Año de NASSP (2017), socio fundador, *Evolving Educators LLC*

En este libro inmensamente práctico, Eric Sheninger lleva al lector desde los complejos desafíos del aprendizaje a altos niveles hasta compromisos minuto a minuto en el mundo real del aula. En una época en la que las pruebas estandarizadas amenazaban con abrumar a los estudiantes y a los profesores, el autor argumenta de forma convincente que la evaluación y, en particular, la tarea de rendimiento, pueden ser herramientas para el aprendizaje, y no simplemente medios para calificar y evaluar a los estudiantes, a los profesores, en las escuelas. Una contribución especialmente importante es la transformación de la educación del "niño en su totalidad" en prácticas profesionales muy específicas que los maestros pueden aplicar a diario en el aula. Y lo que es más importante, en un momento en el que la dependencia de la tecnología amenaza con homogeneizar el aprendizaje y la educación estandarizada, Sheninger nos recuerda que la personalización, tanto para el alumno como para el profesor, está en el corazón del aprendizaje basado en las relaciones.

– Douglas Reeves, autor, *Lograr la equidad de la excelencia y el liderazgo del cambio profundo*

Los avances impulsados por la misión nacen del pensamiento disruptivo, se nutren de hábitos disruptivos y se fortalecen con acciones disruptivas. A medida que maduramos durante esta temporada de caos, crisis e imprevisibilidad, el libro de Eric Sheninger es un faro en la niebla con un recordatorio iluminado para que no volvamos a ser quienes éramos, sino que emergemos como la mejor versión de nosotros mismos.

– Ken Williams, director visionario, *Unfold the Soul*

El aprendizaje, durante los tiempos recientes e inciertos, se ha vuelto receptivo y fluido, lo que puede ser emocionante y abrumador. Justo cuando nosotros, como educadores, pensamos que tenemos una comprensión de la "nueva normalidad", cambia de nuevo. *El pensamiento disruptivo en nuestras aulas: preparando a los alumnos para su futuro*, es exactamente el libro que los educadores necesitan para preparar su práctica para el futuro. En este libro, Eric Sheninger hace un trabajo magistral al proporcionar el modelo y la guía perfectos para liderar la educación hacia el futuro.

– Laura Fleming, educadora, autora, fundadora de *Worlds of Making LLC.*

¡No hay pensador más disruptivo en este mundo que Eric Sheninger! Si realmente queremos crear culturas de aprendizaje y no sólo enseñar en nuestras escuelas, debemos cambiar nuestra mentalidad actual y centrarnos en las necesidades individuales de todos y cada uno de los estudiantes. En estos tiempos difíciles, necesitamos líderes fuertes y apasionados que estén dispuestos a alterar el *statu quo* sin ningún miedo. En *El pensamiento disruptivo en nuestras aulas*, Eric ha escrito el manual para líderes como yo que quieren estar más enfocados en la equidad y conectados de una manera poderosa con nuestros maestros y estudiantes. ¡Lee este libro dos veces!
    – Salame Thomas EL., Ed. D. Director galardonado, autor y orador

Interrupción, suena desagradable o molesto. Pero el pensamiento disruptivo es lo que tenemos que hacer para asegurarnos de que nuestros estudiantes estén preparados para el futuro. Afortunadamente, hay un recurso que nos ayuda a dedicar las habilidades necesarias para participar en este pensamiento disruptivo y hacer que el aprendizaje sea pegajoso. Si estás listo para actualizar tu mentalidad sobre el futuro, este libro es para ti.
    – Douglas Fisher y Nancy Frey, profesores de Liderazgo Educativo,
       Universidad Estatal de San Diego

Eric Sheninger ha escrito otro libro que habla directamente de los tiempos actuales en los que nos encontramos, en el mundo en general y en nuestras escuelas en particular. Me llamó la atención por completo el concepto de "aprendizaje a prueba de futuro para todos nuestros hijos", lo cual es esencial en relación con garantizar que, a pesar de los desafíos imprevistos de nuestro mundo, nuestros hijos inevitablemente se enfrentarán a ellos, su experiencia de aprendizaje general debe estar suficientemente preparada, prepararlos para superar estos desafíos. Me encanta el libro y lo respaldo plenamente como una lectura obligatoria.
    – Director Baruti Kafele, director jubilado, consultor de educación,
       autor

Eric hace un trabajo fantástico al valorar dónde están las escuelas, al mismo tiempo que las desafía a avanzar y convertirse en espacios donde el pensamiento disruptivo no esté reservado para bolsillos de la organización. Las historias te harán pensar, pero los desafíos harán avanzar tu práctica. Repleto de recursos, *El pensamiento disruptivo* ayudará a las escuelas a dar el siguiente paso para proporcionar un entorno en el que los líderes del futuro puedan empezar a liderar hoy.

— Joe Sanfelippo, PhD, superintendente, autor

Una hoja de ruta para un mundo en continuo cambio parece imposible, pero de alguna manera, Eric Sheninger lo hace con este libro desafiante y extremadamente útil.

— Jim Knight, director socio, grupo de Coaching Instruccional

El enfoque reflexivo de Eric Sheninger para garantizar que estamos preparando a nuestros hijos para su futuro, no para nuestro presente, es convincente y necesario. Todo adulto que interactúe con niños debe leer y releer este libro. Las historias, las prácticas comprobadas y los desafíos empujarán nuestros corazones y mentes a pensar más allá de lo que es y crear lo que es posible en la educación.

— Deb Delisle, directora ejecutiva de Alliance for Excellent Education y exsecretaria adjunta de EE. UU Departamento de Educación

Copyright 2024 by Eric Sheninger.

Todos los derechos reservados. Ninguna parte de esta publicación puede ser reproducida, distribuida o transmitida en ninguna forma ni por ningún medio, incluyendo fotocopias, grabaciones u otros métodos electrónicos o mecánicos, sin el permiso por escrito del editor, excepto en el caso de citas breves incorporadas en reseñas críticas y ciertos otros usos no comerciales permitidos por la ley de derechos de autor. Para mí para solicitudes de permiso, pónganse en contacto con el editor en info@connecteddpublishing.com

Esta publicación está disponible a precios de descuento al comprar calidad con fin es educativos, promociones o recaudaciones de fondos. Para consultas y detalles, póngase en contacto con el editor en info@connecteddpublishing.com

Published by ConnectEDD Publishing LLC
Hanover, Pennsylvania

www.connecteddpublishing.com

Hanover, Pennsylvania
Diseño de portada: Kheila Casas

El pensamiento disruptivo en nuestras aulas; preparando a los estudiantes para su future/Eric Sheninger – Primera edición en español.
Libro en rústica ISBN 979-8-9918506-9-8
Ebook ISBN

Contenido

PRIMERA PARTE: Repensando "lo normal"

Capítulo 1: Un nuevo mundo audaz 3
    El futuro del trabajo 4
    La disrupción está aquí para quedarse 8
    Un aprendiz alfabetizado 10
    Creencia en una nueva forma de pensar 12
    Desafío disruptivo # 1 16

Capítulo 2: Retando el status quo 17
    Un cambio de mentalidad 17
    Encuentra confort en el crecimiento 20
    Logrando el ascenso 22
    Persigue el crecimiento, no la perfección 24
    Abraza el cambio 25
    Fracasando hacia adelante 27
    Actos desinteresados 31
    El pulso de una cultura pensante 34
    Desafío disruptivo # 2 36

SEGUNDA PARTE – Repensando el aprendizaje

Capítulo 3: Instrucciones que funcionan 39
    Lo viejo es nuevo nuevamente............................40
    Las preguntas correctas 49
    Un marco para pensar 52
    El sentido de las palabras..................................55
    Creando conexiones 58
    La relevancia impulsa el pensamiento 60
    El contenido tiene su propósito 64
    Trae el asombro 66
    El rol de la tecnología 69
    El pensamiento diseñado intencionalmente 77
    Desafío disruptivo # 3 79

Capítulo 4: El aprendizaje pegajoso 81
    Los que los aprendices realmente necesitan 81
    Calibrando el pensamiento 86
    Propiedad a través de la investigación 89
    El poder del andamiaje 94
    El pozo de aprendizaje 96
    Tareas de desempeño 98
    El objetivo de una lección 104
    El movimiento mejora el pensamiento 106
    El aprendizaje reflectivo 109
    Pensando por medio del juego 113
    Desafío disruptivo # 4 117

TERCERA PARTE: REPENSANDO AL APRENDIZ

Capitulo 5: Añadiendo un toque personal 121
    El aprendizaje personalizado 122
    3 cambios para hacer el aprendizaje algo personal 124
    La agencia estudiantil................................ 126
    Los ingredientes principales 128
    Las pedagogías combinadas o mixtas como manera
    de personalizar..................................... 134
    Aprendizaje combinado en el aula 140
    La personalización en acción 143
    Desafío disruptivo # 5 150

Capitulo 6: Entornos que cultivan el pensamiento 151
    Usando la investigación para impulsar cambios 153
    Diseño que empodera a los pensantes 156
    La flexibilidad es crítica.............................. 159
    Entornos remotos 162
    El compromiso conduce al empoderamiento 164
    Evita el agotamiento del aprendiz 169
    Aprendizaje asincrónico 171
    Celebra los logros pequeños 173
    Los entornos cambiantes requieren nuevas competencias.....175
    Desafío disruptivo # 6 178

CUARTA PARTE: REPENSANDO NUESTRA MENTALIDAD

Capítulo 7: Practicas atípicas **181**
    Pensando más allá de las calificación 183
    Repensando los ceros 186
    La retroalimentación cultiva el pensamiento 189
    El valor de las tareas... 193
    Conversaciones reflexivas para estimular el pensamiento 196
    Desafío disruptivo # 7 198

Capítulo 8: Sustentando una cultura de pensamiento disruptivo **199**
    Demuestra que te importa 200
    Saca los mejor de los niños 202
    Libera el potencial 204
    "Qué si" en vez de "Sí pero" 205
    La mentalidad correcta 207
    El impacto que tienes 208

Recursos 213
Referencias 215
Agradecimientos 223
Sobre el autor 225
Notas 227
Mas sobre ConnectEDD Publishing 229

PRIMERA PARTE:
REPENSANDO "LO NORMAL"

CAPÍTULO 1

Un Nuevo Mundo Audaz

"Lo que ya sabemos frecuentemente nos impide aprender más."
Claude Bernard

Uno de mis programas favoritos durante mi niñez era *Los Jetsons*. Aunque sólo se emitió por una temporada en los años 1960, yo me llené de él gracias a las contantes reposiciones durante mi niñez. Para aquellos que no han visto el programa, este se enfoca en una familia futurística que reside en Orbit City, cuya arquitectura parece haber sido inventada por Google con todas las viviendas residenciales y los negocios erguidos sobre una columna que ajusta sus distancias de la tierra. Esto es donde George Jetson vivía en los apartamentos Skypad con su esposa Jane y sus hijos, Judy y Elroy. También había una sirvienta robótica y un perro, Astro. La serie entera giraba alrededor de la vida de la familia cien años hacia el futuro asistida por tecnologías que ahorraban trabajo y que frecuentemente se descomponían de alguna manera humorística.

Los Jetsons nos proporcionaban un destello de cómo la sociedad se podría ver algún día e inspiró a los jóvenes y a los viejos soñar sobre el futuro. Algunas de las predicciones audaces actualmente se realizaron, incluyendo los robots, relojes inteligentes, drones, mochilas propulsoras, hologramas y casas automatizadas. Otras invenciones están dentro de nuestro alcance tales como los autos voladores, vehículos sin conductores, y computadoras tan poderosas que tendrán la capacidad del cerebro humano. Las cosas se están moviendo rápido en nuestro mundo. En las palabras del sabio Ferris Bueller, "La vida se mueve bastante rápido. Si no te detienes y miras a tu alrededor de vez en cuando, te la pierdes." (Hughes, 1986). Este es un consejo acertado que se debe tener en mente mientras avanzamos más hacia nuestro momento *Jetson*.

Vivimos en tiempos excitantes a pesar del hecho que muchas veces es difícil mantenerse al día con lo rápido que está cambiando la sociedad. Muchos de nosotros recordamos un mundo en donde no existía el Internet o los teléfonos inteligentes. Ahora no sólo tenemos relojes inteligentes, pero hay rumores circulando que una red Wifi global desarrollada por las aerolíneas comerciales está en progreso y que le proveerá a la gente acceso al Internet virtualmente en toda esquina del mundo. Hemos observado disrupciones a través del sector de servicios. Algunos recordamos cuando no existía Uber ni Airbnb. Ahora miles de personas están llamando para ser transportadas y para reservar cuartos de una manera mucho más conveniente y menos costosa que su contraparte tradicional. Con el ritmo exponencial de cambio que está ocurriendo en la sociedad, es emocionante pensar lo que nos espera en el futuro, a pesar de tantas incógnitas. Lo que sí sabemos es que el futuro será enormemente más diferente que lo que estamos experimentando actualmente, y que esos cambios tendrán un impacto dramático sobre las expectativas de la fuerza laboral.

El futuro del trabajo

Innovaciones rampantes y avances exponenciales en la tecnología están cambiando el panorama social. Las industrias y profesiones enteras están siendo redefinidas o totalmente eliminadas. Este es un hecho; millones de empleos se han perdido – y se continuarán perdiendo – ante el gran número de fuerzas disruptivas que constantemente están cambiando el mercado laboral. Las tecnologías pueden aparentar diferentes, pero su impacto disruptivo seguirá igual.

Mientras los avances tecnológicos continúan desplazando la frontera entre las tareas laborales efectuadas por personas y aquellas efectuadas por las máquinas y algoritmos, es probable que transformaciones significantes en el mercado global continuarán. Estas transformaciones, si se manejan inteligentemente, nos llevarán a una nueva edad de trabajo inspirador, trabajos significantes que mejorarán la calidad de vida para todos. Sin embargo, si se manejan mal, corremos el riesgo de ampliar las brechas de competencia, incrementar la inigualdad, y aumentar la polarización. De todas maneras, la hora de darle forma al futuro del trabajo siempre será en el momento presente.

Porque el mundo que nos rodea está contantemente cambiando, las tendencias se vuelven cada vez más volubles, las innovaciones continuas conducen a nuevos procesos y caminos diariamente. Lo que estaba de moda ayer, hoy día ha pasado de moda. No me considero un futurista, pero voy a intentar hacer unas predicciones que tendrán un impacto en el trabajo del futuro.

1. La automación, robóticos y la inteligencia artificial tendrán un impacto dramático sobre prácticamente todas las industrias.
2. La disponibilidad de empleos incrementará entre disrupciones significantes al status quo.
3. La división laboral entre humanos, máquinas y algoritmos continuará a un paso veloz.
4. Nuevas responsabilidades y entornos laborales empujarán la demanda de competencias nuevas y refinadas.
5. El aprendizaje permanente y la habilidad de pensar diferente serán la clave para el éxito, tanto individual como colectivo.

Hay una gran cantidad de cosas que desempacar. Para comenzar, enfoquemos en el elemento extralimitado más crítico. Nadie puede predecir el futuro con exactitud. Como padre de familia, esto me aterroriza porque mis dos hijos serán empujados a este mundo muy pronto. Sin embargo, tengo buenas noticias. En medio de este cambio disruptivo, se crearán millones de empleos. ¿Estarán listos nuestros estudiantes? El futuro del trabajo requiere nuevas habilidades, y es la responsabilidad del sector de educación K-12 liderar la carga en esta área. En mi opinión, las habilidades no serán suficiente. Sí, queremos estudiantes que posean el entendimiento y las habilidades requeridas para afrontar las nuevas necesidades y demandas que se les va a requerir. Más importante, es nuestro deber y el papel de la educación asegurarse que sean seguros, competentes y miembros contribuyentes a la sociedad. Sobre todo, nuestros estudiantes deben pensar y aprender diferente.

Empoderar a nuestros estudiantes pensar críticamente y resolver problemas de la vida real debe ser la piedra angular de nuestra misión como educadores. El aprendizaje de por vida, sin embargo, debe ser justo para todos nosotros, no sólo para los niños que servimos. Para que nuestros estudiantes cumplan con las demandas y expectativas laborales del presente y el futuro, debemos comprometernos a un crecimiento profesional ahora y en el futuro. Debemos *hacer* tiempo para aprender y crecer opuesto a *encontrar* tiempo. Si dependemos de este último, las probabilidades son que jamás ocurrirá. El aprendizaje permanente puede ocurrir en muchas formas, pero en mi opinión, la opción más práctica y de ahorro de tiempo es la creación y el uso de una Red de Aprendizaje Personal (RAP). Usar las redes sociales nos permite acceso en tiempo real a las ideas y conocimientos más relevantes que se pueden implementar inmediatamente en la práctica para preparar mejor a los estudiantes para su futuro. Es hora de mover la aguja del cambio transformativo en la educación. Mientras más nos demoramos, más aumentamos el riesgo a aquellos que servimos – nuestros niños – y al futuro de nuestra sociedad.

Con el rápido cambio de nuestra tecnología – específicamente los avances en robóticos e inteligencia artificial – es casi imposible hipotetizar los tipos de empleos que estarán disponibles en el futuro. Por ende, la profesión educacional necesita crear una cultura de pensamiento y aprendizaje que no sólo inspire a los estudiantes hoy día, sino que también los prepare para ser exitosos en el futuro. Esto quiere decir, reintegrar los cursos basados en el comercio y los programas que eran la norma en casi todas las escuelas hace poco tiempo. Después de todo, el mundo aún necesitará plomeros, electricistas, carpinteros y auto mecánicos en el futuro. Sin embargo, la advertencia aquí es utilizar el pensamiento disruptivo para crear nuevas áreas de estudio y exploración dentro de estas áreas de contenido tradicional. Estos programas renovados deberían darles a los estudiantes la oportunidad de usar herramientas del mundo real para tomar parte en empleos significativos que se alinean con una visión enfocada hacia el futuro. Puede que lo bien que lo logran las escuelas determine al final no sólo el éxito de nuestros estudiantes, sino el futuro próspero de la sociedad en conjunto.

Sin una bola de cristal es difícil prever con certeza lo que el futuro nos prepara. Pero una infinita variedad de señales obtenidas de las innovaciones tecnológicas nos da la oportunidad de reinventar las escuelas de manera que le den a los estudiantes la oportunidad de luchar en un mundo que está cambiando muy rápido. Primero, debemos aceptar el hecho de que la forma en que enseñaron y asesoraron a muchos de nosotros tiene un valor menguante en el mundo contemporáneo, mucho menos en el futuro. Segundo, debemos aceptar que la infatuación con pruebas estándar, notas y tareas sólo resultaran en caer más profundo por el hoyo del conejo. Algo tiene que cambiar.

El nuevo mundo laboral requiere una nueva forma de hacer escuela. Un modelo con la misma rutina de siempre basado en eficiencia, repetición y la adquisición de conocimiento, solamente preparará al estudiante para un mundo que ya no existe. Las capacidades que enfatizan las habilidades únicas y específicas del ser humano permitirá no solamente a la presente generación sino también a las generaciones de estudiantes del futuro prevalecer en un mundo en donde la tecnología eventualmente reemplazará muchos empleos actualmente disponibles. El reto para la educación es abrazar las nuevas formas de pensar e innovadoras prácticas que son disruptivas en la naturaleza – y difícil de asesorar usando las métricas tradicionales. Este cambio no será fácil, pero los fines que logramos valdrán la pena haber hecho la inversión.

La disrupción está aquí para quedarse

La educación está madura para un cambio disruptivo que nos lleve hacia prácticas innovativas. Lo que funcionó en el pasado no necesariamente tendrá el mismo impacto hoy día en que el mundo ha cambiado dramáticamente en tan poco tiempo. La pandémica del COVID-19 nos dio un recordatorio evidente del poder disruptivo. Prácticas tradicionales arraigadas, la implementación del aprendizaje remoto sin ningún respeto por alguna investigación o mejores prácticas, y la convulsión emocional de nuestros estudiantes, nos hizo reaccionar. Podemos aprender de esta experiencia tanto de las fuerzas actuales como las del futuro para ser proactivos yendo hacia adelante. Si no prestamos atención y actuamos según las lecciones que hemos aprendido, no podemos avanzar. Podemos decir con certeza que los cambios sísmicos que estamos atestiguando como resultado de los avances tecnológicos continuarán remodelando nuestro mundo en formas que jamás nos podríamos imaginar. La disrupción se ha vuelto común en el mundo nuevo y las organizaciones han pasado de la adaptación a la evolución no sólo para sobrevivir, sino para prosperar.

Podemos aprender mucho del pasado sobre los cambios y el liderazgo disruptivo y cómo muchas organizaciones han adoptado ideas innovativas mientras han cambiado la forma en que aprenden. Hagamos un paseo por la senda de los recuerdos y veamos de cerca algunos ejemplos de la disrupción innovadora en acción. ¿Recuerdas los días cuando muchos de nosotros teníamos tarjetas de Blockbuster video? Sin una tarjeta, no podías rentar la cinta VHS de tu favorita película. Si la tenías, muchas veces el placer de ver la última película a menudo se te arruinaba porque todas las copias se habían rentado. Esto no cambió mucho cuando vimos el cambio de VHS a DVD. Bueno, ¿y dónde está Blockbuster hoy?

Probablemente ya sabes la respuesta a esta pregunta y que Netflix fue en gran parte la causa de su fracaso. Netflix estaba dispuesto a innovar y cambiar la manera en que aprendían. Ninguna tienda física, DVDs por correo y eventualmente la transmisión de videos. Blockbuster nunca supo lo qué les golpeó hasta que era muy tarde. La testarudez y la falta de visión de Blockbuster y la renuencia de alejarse de su negocio habitual resultó en su caída final.

Veamos otro ejemplo. ¿Cuántos de nosotros teníamos un Blackberry como nuestro primer teléfono inteligente? Por supuesto que yo tenía uno y mucha genta aún se ríe de mí porque lo mantuve por mucho más tiempo que la mayoría. Bueno, la historia de Blackberry termina casi igual a la de Blockbuster. Apple y Steve Jobs trastornaron el negocio de teléfonos inteligentes con la introducción del iPhone. No sólo diezmó Apple a Blackberry y lo derribó del pedestal del estándar de oro, pero también provocó la guerra de los teléfonos inteligentes. Casi todo teléfono inteligente de pantalla táctil actual se debe gracias al iPhone. Este es otro ejemplo de cómo la inclinación hacia la innovación coincide con un cambio fundamental del aprendizaje.

He aquí el último ejemplo que se desplegó en frente de nosotros. La industria de taxis se mantuvo firme en su oposición al cambio. Cada intento de innovar fue inútil aun cuando Uber le cayó encima a una industria que no era muy amistosa hacia sus consumidores. Uber no es el dueño físico de los automóviles, pero su valor alcanza los miles de millones de dólares. Cualquiera puede conseguir un vehículo utilizando una app fácil de usar para pedir un aventón por una fracción del costo de un taxi. En algunas ciudades, se puede ordenar hasta comida, helicópteros, y jets por medio de estas apps. No pienses por un momento que Uber está esperando que llegue el próximo disruptor y elimine su modelo de negocio. Ellos entienden la naturaleza de la disrupción innovativa y el cambio, y están comprometidos a mantenerse a la vanguardia. Actualmente lo están haciendo invirtiendo en coches sin conductores. Su compromiso de abrazar ideas innovadoras y la persecución implacable del aprendizaje los mantendrá relevante por años en el futuro.

Hay muchas lecciones poderosas que la profesión educativa puede aprender de estas historias sobre la innovación disruptiva. En muchos sentidos, veo similitudes entre nuestro sistema educativo y Blockbuster, Blackberry y la industria de taxis. Aunque ha habido cambios incrementales que han resultado en focos aislados de excelencia en las escuelas a través del mundo, el cambio sistemático sigue elusivo. Implementando estrategias disruptivas, podemos iniciar el proceso de crear una cultura educativa más relevante para nuestros estudiantes. Si lo hacemos, la historia ya nos ha dado un vistazo de lo que puede suceder.

La innovación disruptiva compela a los educadores ir contra la corriente, retar el status quo, enfrontar la resistencia, y cambiar nuestra manera de pensar hacia una forma más orientada hacia el crecimiento. Si nos adherimos a la misma forma de pensar, continuaremos logrando los mismos resultados – o peor. Este es el momento de tomar el camino menos transitado y crear un sistema de excelencia que acojan nuestros estudiantes y que los prepare mejor para el futuro. Pensar diferente. Aprender diferente. Alterar el sistema que conocemos adoptando "negocio como inusual" como modelo. Creemos una nueva normalidad.

> Alterar el sistema que conocemos adoptando "negocio como inusual" como modelo.

Un aprendiz alfabetizado

Estamos en un cruce de caminos en la educación. Las medidas tradicionales del éxito frecuentemente nos ciegan a la verdad. Considera ver el mercado laboral actual y observa donde las tendencias residen realizando una auditoría. Después, compara estos con tus lecciones, currículo, cursos ofrecidos, pedagogía, espacios de aprendizaje, tecnología disponible, calendario, y otros componentes claves de la educación para determinar cuán preparado están tus estudiantes para la fuerza laboral actual. Lleva tu auditoría un paso más allá y determina cómo / si, la imaginación, el negociar, cuestionar, enfatizar, contar historias, conectar, creatividad y diseño se enfatizan en tus aulas y escuelas. Esta auditoría te puede sorprender, pero te ayudará determinar tu preparación para el nuevo mundo laboral que espera a tus estudiantes.

Las condiciones que impactan e influyen el aprendizaje han y continuarán evolucionando. Para que ocurra un cambio, es esencial continuar evaluando dónde estamos en el proceso de aprendizaje para eventualmente llegar adonde queremos estar – y dónde nuestros estudiantes necesitan que estemos. Propiedad y empoderamiento resultan cuando creamos oportunidades significativas para los niños que exploran, interactúan, diseñan, y crean contextos del mundo real. La Tabla 1 abajo identifica cinco *Mentalidades del alumno* claves que ayudarán a los estudiantes hoy y en el futuro. Debajo de cada una de las cinco mentalidades dominantes hay cinco más específicas, los *Comportamientos del alumno* que nuestros alumnos deben adquirir ahora y continuar refinándolas mañana y a través de su viaje de aprendizaje y a través de su vida.

¿Hasta qué punto estamos desarrollando la mentalidad y el comportamiento de nuestros alumnos representados a continuación?

Tabla 1: Mentalidades duraderas del alumno

Ideación	Creatividad	Conexión	Aplicación	Contar historias
Pensamiento crítico	Juego no estructurado	Interconexión	Iniciativa empresarial	Inteligencia emocional
Reflexión	Resiliencia	Colaboración	Aprendizaje basado en proyectos	Multimedios
Flexibilidad cognitiva	Exploración auténtica	Personalización	Conciencia global	Habilidades relacionables
Resolución de problemas complejos	Crecimiento a través del fracaso	Empatía	Gestión del flujo de trabajo	Transparencia
Pensamiento analítico y computacional	Innovación	Comunicación	Uso de herramientas digitales	Diseño

Creencia en una nueva forma de pensar

Nuestras creencias, valores y experiencia todas ayudan a formar nuestra respectiva práctica. Cuando se trata del aprendizaje, el énfasis debe ser en lo que nuestros *estudiantes* hacen en nuestras escuelas, no en los adultos. Esta es la distinción significante entre la enseñanza y el aprendizaje. No es que el primero esté obsoleto, pero al fin los niños deben estar más involucrados activamente que sus maestros en el pensamiento y el trabajo que efectúan. Mientras intentamos crear oportunidades poderosas de aprendizaje, es importante reflejar y actualizar nuestro sistema de creencias como sea necesario.

¿En qué crees tú profesionalmente? Todos poseemos un conjunto de convicciones que se forma según nuestro respectivo sistema de valores. Estos impactan nuestra labor y determinan si al final seremos exitosos. Mark Lenz nos brinda esta perspectiva:

"Creencias. Todos las tenemos. De algún lado surgieron. Probablemente se comenzaron a formar dentro de nosotros cuando éramos niños y se han reforzado con el tiempo. O tal vez cambiaron a lo largo de los años. Cambiar una creencia o un sistema de creencias es un gran problema porque nuestras mentes están alambradas a pensar que la que creemos es lo correcto. Se ha dicho que somos creaturas del hábito. Eso es porque creemos en cómo hacemos las cosas, que nuestra manera de pensar es la correcta." (2016, pág.1)

Apostaría a que muchas de nuestras suposiciones en la educación se derivan de cómo nos enseñaron a lo largo de nuestro propio viaje educativo. Es probable que se adoptaran otras sobre cómo se nos dirigía o sobre las formas en que se nos modelaba la enseñanza, el aprendizaje y el liderazgo. En cualquier caso, una vez que las creencias están establecidas, las personas tienen dificultades para cambiarlas cuando se las desafía. Con el fin de ser lo mejor de nosotros mismos – y servir mejor a nuestros estudiantes – lo que adoptamos puede y debe evolucionar con el tiempo. En un mundo desafiado por cambios disruptivos y en el que la información es fácilmente accesible, tiene sentido que adaptemos lo que creemos actualmente o incluso que desarrollemos un conjunto completamente nuevo de valores.

UN NUEVO MUNDO AUDAZ

Tener una serie de creencias que se alinean con los valores profesionales puede ser un tremendo activo cuando se trata de crear una cultura de educación vibrante preparada para el éxito. Mientras estas están entrelazadas, hay diferencias más importantes. Los valores son lo que la cultura de una organización ve como el estándar para entender lo que es justo y bueno. Están totalmente incrustados y son fundamentales para actuar sobre las creencias de la cultura. Las creencias, al revés, son las doctrinas o principios que la gente cree que son verdad. Las mías ciertamente han cambiado a través de los años y empezó cuando yo cambié de una mentalidad fija a una mentalidad creciente. También han cambiado basado en mi experiencia como educador y administrador. Por decir la verdad, continuarán evolucionando como el resultado de mi trabajo en las escuelas, investigaciones actuales y examinando la evidencia que demuestra lo que actualmente funciona entre el interminable mar de opiniones sobre lo que los educadores deberían estar haciendo.

Siempre existe un punto de partida para el desarrollo. Comienza con el entender lo que todos los niños pueden aprender. No importa el código postal o etiqueta, cada estudiante individual que entra a una escuela es capaz de aprender. Tenemos que entender el hecho de que cada niño es único y que, como tal, él o ella aprende de una forma diferente. Basado solamente en este hecho, debemos estar abiertos a diferenciar y personalizar las estrategias pedagógicas. Todo niño tiene una grandeza escondida dentro de él. Es el trabajo del educador ayudar encontrar y liberar esa grandeza.

> Todo niño tiene una grandeza escondida dentro de él. Es el trabajo del educador encontrar y liberar esa grandeza.

Sin relaciones, no ocurre algún aprendizaje significativo. (Comer, 1965). Sin la confianza y empatía, no pueden existir relaciones significantes, En términos simples, la empatía es la habilidad de entender y compartir los sentimientos de otra persona. Bruna Martinuzzi resalta lo siguiente:

- La empatía es el aceite que sostiene que las relaciones sigan funcionando sin dificultades.
- La empatía se evalúa como dinero. Nos permite crear lazos de confianza, nos da perspectivas en lo que otros pueden estar sintiendo o pensando, nos ayuda comprender cómo y por qué otros reaccionan a ciertas situaciones, e informa nuestras decisiones.
- Consejos sobre cómo puedes ser más empático incluyen: escuchando, animando, sabiendo los nombres de las personas, no interrumpiendo, estando conscientes de comunicaciones no verbales, sonriéndote, estando totalmente presente, y ofreciendo elogios genuinos.
- La empatía es un músculo emocional y pensante que se fortalece mientras más lo usamos.

Aunque fundamentalmente es crear relaciones, la empatía no es un componente típico del entrenamiento o trabajo del curso de un maestro en el ramo de la educación. Es algo que nosotros típicamente aprendemos de nuestros padres, amigos y colegas. En mi opinión, la empatía debería ser un componente del currículo escolar y de la cultura de cualquiera organización. La verdad sea dicha, esta puede ser una característica que muchos de nosotros encontraremos difícil de dominar. Hablar de la empatía y demostrarla son dos conceptos totalmente diferentes. Nuestra mentalidad y ciertas predisposiciones tienden a darle prioridad a nuestros sentimientos y necesidades antes que las de otros. Esto no es siempre negativo, pero algo de lo cual deberíamos estar conscientes y abiertos a cambios.

Es imposible saber lo que está ocurriendo en las mentes de los niños. A veces pueden ser cosas malas, los estudiantes pueden actuarlas o cerrarse completamente. Es importante imaginarnos en la posición de nuestros estudiantes. Esto nos da una mejor perspectiva de los retos y sentimientos de aquellos a quienes se nos pide que sirvamos. Mejores decisiones más informadas pueden resultar de "caminar en los zapatos" de aquellos que serán más impactados por las decisiones que tomamos. En las palabras de Jackie Gerstein, "Todos los niños tienen un valor. Algunos, sin embargo, quieren darnos prueba que no lo tienen. Nuestro trabajo como educadores es probarles que están equivocados." (Gerstein, 2015). Cuando los tiempos se ponen difíciles con los niños, trata de ponerte en sus zapatos.

Como Teodoro Roosevelt dijo una vez, "A nadie le importa cuánto sabes, hasta que se enteran lo mucho que te importa." Una cultura de excelencia es creada por medio de las relaciones que nacen de la confianza y se mantienen por empatía. Mostrar que nos importa puede ser tan simple como poner mucha atención y no juzgar a otros cuando se nos abren sobre sus sentimientos, preocupaciones o retos. El éxito en este nuevo mundo audaz depende en observar las cosas en el mundo que nos rodea desde la perspectiva de otros.

Mientras piensas de tu rol profesional, refleja en cómo puedes ser más empático hacia las personas con que trabajas y a quienes sirves. Para algunos estudiantes la única empatía que experimentan ocurre dentro de las paredes de sus escuelas. Independientemente de tu posición, entiende que la confianza y la empatía son monedas que se avalúan sobre todas las otras. No puedes permitir que otras personas piensen que al comienzo tú no creaste una relación con ellos basada en la confianza. La empatía no sólo crea confianza, pero también crea una cultura en la cual los estudiantes *desean* aprender.

¿En qué crees tú? Mientras reflexionas sobre esta pregunta, piensa cómo tus perspectivas ayudan o impiden el éxito de los estudiantes bajo tu cuidado. Las creencias y valores no sólo ayudan a guiarnos, pero también influyen en nuestro trabajo. Mientras todo que nos rodea evoluciona, también nuestra manera de pensar debe evolucionar. Estar anuente a este cambio contribuirá en gran medida al crecer profesionalmente y crear escuelas que funcionan mejor para los niños. Para crear oportunidades significantes para la educación de los niños, tenemos que decidir qué acciones tomar y qué manera de pensar necesitamos cambiar para tomar esas decisiones.

Vivimos en un mundo dominado por un cambio exponencial que ha y continuará impactando fundamentalmente toda faceta de nuestra sociedad. La disrupción ya no es una expresión en boga, sino una realidad. Para mejor preparar a nuestros estudiantes a florecer ahora y en el futuro, la clave es ayudarles desarrollar como pensantes disruptivos que prosperan en un mundo disruptivo. Si vamos a desarrollar estudiantes que piensan disruptivamente, primero debemos examinar y reflejar sobre nuestros métodos de enseñanza y aprendizaje corrientes. Nosotros, también, debemos ser pensantes disruptivos, que yo defino como: *reemplazar las ideas convencionales con soluciones innovativas a problemas auténticos.*

Es hora de confrontar el status quo en cuanto a la enseñanza y el aprendizaje en nuestras aulas. Nuestros aprendices – y su futuro en un nuevo mundo audaz – depende en eso y en nosotros.

NOTA: A finales de los capítulos 1-7 de este libro, he incluido "Un reto disruptivo" diseñado para hacer exactamente eso: retar a los educadores a alterar de alguna forma su manera de pensar y sus prácticas profesionales.

DESAFÍO DISRUPTIVO #1

Usar la Tabla 1 para realizar una grabación de tus prácticas para ver donde existe una oportunidad para crecer. Circula los 5 más importantes comportamientos del alumno. ¿Por qué escogiste esos 5? ¿Qué puedes hacer para mover la aguja en esas áreas para preparar a tus estudiantes para un nuevo mundo audaz? Comparte tus ideas y estrategias de implementación por los medios sociales utilizando #DisruptiveThink hashtag.

CAPITULO 2

Retando el status quo

"Esto es para los locos. Los inadaptados. Los rebeldes. Los agitadores. Las clavijas redondas en orificios cuadrados. Los que ven las cosas de maneras diferentes. Ellos no siguen las reglas. Y no tiene ningún respeto por el status quo. Puedes citarlos, estar en desacuerdo, glorificarlos o denigrarlos. Pero lo único que no puedes hacer es ignorarlos, porque ellos cambian las cosas. Impulsan la humanidad. Y mientras algunos los ven como locos, nosotros los vemos como genios. Porque sólo las personas que están lo suficientes locas para pensar que pueden cambiar el mundo son las que lo hacen."

Rob Siltanen (tal como narrado por Steve Jobs en "Piensa diferente" una campaña publicitaria de Apple)

Un cambio de mentalidad

Para cada educador profesional, la adversidad es una realidad constante; la falta de tiempo, insuficientes recursos, facilidades anticuadas, colegas resistentes, y una cantidad de mandatos/ directivas son solamente algunos de los obstáculos que se nos presentan. A veces es difícil visionar e implementar cambios progresivos cuando te sientes agobiado por esos retos. Ojalá pudiera decirte que estas demandas diarias se disiparán en un futuro cercano, pero eso sería crear una falsa esperanza. En vez, te diré lo que es, en mi opinión, el adversario más grande que enfrentamos nosotros los educadores y cómo superarlo: nuestra propia mentalidad.

El cerebro humano está alambrado para mantenernos seguros, y como resultado a veces somos adversos al cambio. El status quo y nuestras zonas personales de confort crean la percepción de una red de seguridad que es difícil abandonar. En muchos casos, enseñamos de la misma manera que a nosotros nos enseñaron, y guiamos como nos guiaron, nuestras experiencias del pasado frecuentemente dictan o tienen influencia sobre nuestra actual práctica educativa. Cuando esta mentalidad se combina con los silos que se han construido para protegernos y a nuestras organizaciones contra la información externa y las nuevas ideas, se vuelve más clara la razón por la cual un cambio transformativo a menudo es solamente una idea que nunca se pone en marcha.

Deberíamos echar una mirada crítica al efecto que una mentalidad fija (asumiendo que nuestro carácter, inteligencia, pensamiento y habilidad creativa son datos estáticos que no se pueden cambiar de manera significativa) puede tener en nuestro pensamiento creativo y nuestra cultura educativa. Cambiar nuestra mentalidad empieza con renovar el enfoque de nuestros sentidos. Como educadores, debemos constantemente hacer observaciones y adueñarnos de lo que vemos. Un importante punto de reflexión: ¿Está tu aula o escuela preparando a sus estudiantes para la vida, o sólo para que tengan un buen desempeño en la escuela? Tan importante como observar la realidad es escuchar a tus partes interesadas, no sólo oírlos. Cuando no escuchamos la gente se calla y se retira. Decir no o rehusar aceptar nuevas ideas se ha convertido en un salvaguardia contra los riesgos no deseados durante este tiempo de cambios disruptivos. Sin embargo, un resultado desafortunado puede ser un cambio dramático en la motivación, el entusiasmo, el deseo de innovar, y el respeto a nuestra habilidad de crear una vibrante cultura pensante.

Un cambio en la mentalidad empodera a los educadores hacer cambios, no solamente responder a cambios. Es este cambio que puede sentar las bases para una transformación. ¿Cómo hacemos esto? Comenzamos con retar la manera en que se hacen las cosas; reemplazando la palabra "no" con la palabra "sí"; y enfocándonos en los "qué tal si" en vez de los "sí, pero." Aquí es donde la investigación de Carol Dweck (2006) sobre la mentalidad comienza a brindar recompensas profesionales. Los educadores con una mentalidad creciente:

- Aceptan los desafíos.
- Persisten a pesar de reveces o contratiempos.
- Ven el esfuerzo como una vía hacia el control.
- Aprenden de los comentarios y el criticismo.
- Encuentran lecciones e inspiración en el éxito de otros.

Cuando los educadores adoptan una mentalidad de crecimiento, se establecen las bases para cambiar la cultura en el aula. El cambio transformativo es una responsabilidad colaborativa que requiere acción. Educadores transformadores consistentemente hacen observaciones, escuchan intensamente, aprovechan una mentalidad de crecimiento, y más importante, actúan para mejorar su aula, escuela, u organización. Ellos:

- Enfocan sobre la visión y el empoderamiento.
- Aceptan el riesgo de facilitar cambios.
- Participan en resolver problemas enfocados al futuro para crear oportunidades de aprendizaje.
- Se adaptan efectivamente a nuevas situaciones.
- Desarrollan y articulan una visión sobre las futuras necesidades de los estudiantes.
- Trabajan con la gente de tal forma que encienden sus pasiones, talentos y el deseo de compartir una visión.

Cada día tenemos la oportunidad de mejorar la práctica profesional, crear una mejor cultura de aprendizaje tanto para los estudiantes como los maestros. Piensa en tu propia práctica y los pasos que puedes tomar para hacer de la transformación una realidad en vez de una palabra de moda usada en exceso.

Encuentra confort en el crecimiento

La complacencia tiene una habilidad maliciosa para inhibir el crecimiento. En nuestras vidas personales, nos podemos volver complacientes cuando estamos contentos o satisfechos con nuestro status quo. Tal vez no cambiamos nuestra rutina de ejercicios porque nos hemos acostumbrado a hacer la misma cosa cada día. Sé que me encanta usar la máquina elíptica para cardio, pero muy pocas veces escojo otra función que manual. O quizás nuestra dieta no cambia porque tenemos una afinidad a los mismos tipos de comida, que pueden ser (o no) saludable para nosotros. Lo que estamos haciendo actualmente puede estar (o no estar) funcionando muy bien, pero es difícil crecer y mejorar cuando uno está complaciente. Por eso, debemos encontrar confort en perturbar nuestro status quo. Sin cambio, no podemos avanzar o mejorar.

La complacencia también plaga a muchas organizaciones. Cuando estamos en un estado de confort relativo, frecuentemente es difícil ir más allá de esta zona de estabilidad, y me atrevo a decir, de "fácil" navegación. Si no está roto, por qué arreglarlo, ¿verdad? Talvez no nos han presionado a aceptar nuevos proyectos o ideas innovadoras. O talvez no hay una responsabilidad externa que nos presione a mejorar. Este es el reto inherente que confronta al status quo.

Existen muchos lentes a través de los cuales podemos mirar para ganar más contexto sobre el impacto que tiene la complacencia en el crecimiento y mejoramiento. Por ejemplo, las calificaciones de los exámenes. Si un distrito o escuela consistentemente funciona a un alto nivel, la sabiduría convencional nos puede sugerir que no se necesita un cambio significante. Sin embargo, el hecho de que una escuela o educador puede ser "bueno" en una cosa o "bueno" hoy día, no quiere decir que no se necesite ningún cambio en otras áreas, o que no se necesite un cambio para ser aún mejor en el futuro. También es importante comprender que otra persona puede interpretar nuestra percepción de algo como bueno bajo una perspectiva completamente diferente. El crecer debe ser el estándar en todo aspecto de una cultura de aprendizaje. Comienza con salir de las zonas de confort actuales y percibidas para realmente iniciar el proceso de creación, manteniendo y constantemente mejorando una cultura de pensamiento dinámico y aprendizaje.

Joani Junkala comparte unas ideas agudas sobre la importancia de salir de nuestra zona de confort:

Salir de nuestra zona de confort requiere que salgamos de nosotros mismos. Si vamos a luchar por el progreso, profesional o personalmente, tenemos que ajustarnos a la idea de estar incómodos. Esto no es fácil para todos nosotros. Para alguien como yo, que soy una auto prescrita introvertida, esto puede ser difícil. Salir de nuestra zona de confort requiere un esfuerzo extra, energía, y a veces experiencias forzadas. Requiere que dejemos a un lado nuestro temor y estar vulnerable. Tenemos que estar dispuestos a intentar algo nuevo, diferente, difícil, o hasta algo que nunca se ha intentado. Tenemos que exponernos – teniendo fe en nosotros mismos y en otros con nuestro ego más vulnerable. Es un pensamiento aterrador. ¿Qué si nos equivocamos? ¿Qué si nos vemos ridículos? Al final, ¿valdrá la pena? ¿Estaré solo? ¿Y qué si fracaso? ¡Oh! ¿pero que si tengo éxito y evoluciono? (2018, pág. 2)

El cambio comienza con cada individuo en la organización y se extiende desde allí. El crecimiento y las mejoras comienzan con evaluar nuestra realidad actual con honestidad. No hay una lección, proyecto, aula, escuela, distrito, maestro o administrador perfecto. Existe, sin embargo, la oportunidad de mejorar cada día. Esto no quiere decir que cosas significantes no están ocurriendo en la educación. Definitivamente, sí están ocurriendo. Mi punto es que nunca debemos dejar que la complacencia impida que continuemos persiguiendo un mejor camino. Un camino que nuestros estudiantes necesitan coger. Toma en cuenta las siguientes preguntas:

- ¿Estás cómodo en donde te encuentras profesionalmente? ¿Por qué o por qué no?

- ¿Está tu escuela, distrito, u organización confortable?
- ¿Dónde están las oportunidades para crecer?
- ¿Qué harás o puedes hacer diferente para crecer y mejorar tanto a ti como a otros?

Reflejando consistentemente sobre estas preguntas podemos abrir el camino hacia el mejoramiento disruptivo. Sin embargo, las *preguntas* solo trazan un mapa del camino por delante; la *acción* te comienza a llevar por ese camino y eventualmente hacia donde necesitas estar.

Logrando el ascenso

Realmente creo que la *mayoría* de la gente quiere mejorar el rol en su profesión. ¿Quién no desea hacer una diferencia en la vida de nuestros niños? Pero digo la *mayoría* porque la complacencia, la falta de motivación, o la falta de pasión por nuestro trabajo hace que *algunos* nos conformemos con "lo suficiente bueno". Porque muchos de nosotros estamos buscando sin cesar la manera de crecer y mejorar nuestra práctica profesional. Pero, aunque tenemos el deseo, y hacemos algún esfuerzo, surgen los desafíos. Estos vienen en dos maneras diferentes: excusas y la gente. Permíteme elaborar sobre ambos:

Las personas son nuestro mayor activo, y cuando invertimos en ellas, el éxito es probable. Para lograr metas como sistema, el apoyo de cada individuo dentro del sistema es crucial. Desafortunadamente, a veces la gente también puede jugar un papel actuando en contra de lo que nos proponemos lograr como individuo o a nivel organizacional. Por razones que varían, algunas personas no están contentas donde se encuentran o con el éxito de otros, resultando en esfuerzos concertados de socavar y descarrilar la búsqueda de la mejora.

Es esencial reconocer los comportamientos sutiles y no-tan-sutiles que exhiben otros mientras tú intentas crecer. Estos se pueden enmascarar con tópicos que te hacen reconsiderar dedicar el tiempo y el esfuerzo necesario para mejorar tu oficio o hacer avanzar tu cultura. Ten confianza en quién eres y hacia donde quieres ir. No caigas victima a las inseguridades, temores, y el descontento que otras personas no estén luchando contigo mientras trabajas para mejorarte. Aun cuando luchas para aprender y mejorar, un educador orientado al crecimiento ayuda a otros hacer lo mismo. Es obvio que es importante que te enfoques en ti mismo, pero al final, ayudar crecer a la gente con que trabajamos es tan importante como lo que hacemos para nosotros mismo. El proceso de lograr metas es mucho más satisfactorio cuando es un esfuerzo colaborativo.

En las palabras de Jim Rohn, "Las escusas son los clavos que se usan para construir una casa de fracasos." Ahora, esta cita puede aparentar ser muy dura, pero vista con la mente abierta, veras que es muy precisa. En muchos casos, creemos que no podemos cumplir una tarea o implementar una idea por la percepción que el reto es muy difícil superar, o porque la idea puede haber fracasado en el pasado. En todo caso, nuestras mentes comienzan a fabricar excusas de por que algo no puede o no podrá funcionar. Impedimentos normales incluyen no suficiente tiempo, la falta de fondos, o demasiadas iniciativas. ¿Adivina qué? Estas realidades nunca desaparecerán. El crecimiento jamás ocurrirá si la voluntad de confrontar estos y muchos otros impedimentos no es más fuerte que las voces que sugieren que no se puede lograr. Si valoras algo lo suficiente, descubrirás el camino hacia adelante. Si no, buscarás una excusa. La clave aquí es enfocar en las soluciones, no en los problemas, aun cuando enfrentas unos desafíos difíciles.

> Si valoras algo suficiente, descubrirás el camino hacia adelante. Si no, buscarás una excusa

Los cambios son difíciles tanto para el individuo como para el nivel organizacional. Tal vez no sea la gente o las escusas que te obstaculizan el camino. Tal vez tu propia mente será el adversario más feroz que enfrentarás en el camino hacia tu mejora. La confianza y el creer son dos de las fuerzas más poderosas que ayudan mantenernos enfocados en lograr metas. Sólo recuerda esto: Tú sólo estás limitado por las barreras que tú mismo desarrollas.

Si queremos que los niños piensen disruptivamente, entonces nosotros también tenemos que hacerlo.

Persigue el crecimiento, no la perfección

La perfección es algo que mucha gente (incluyendo muchos educadores) persiguen. En los deportes, hay escenarios definidos cuando la perfección se puede lograr. Un lanzador puede lograr un juego perfecto si él o ella no permiten un hit o una base por bolas, y los jardineros no comenten errores. En bolos, un juego perfecto de 300 puntos que consiste en todos los tiros plenos también es una señal de perfección. Fuera de los deportes, se hace más difícil, si no imposible, lograr la perfección.

En la parte mayor, es una falacia y por cierto no existe en la educación. Si correteamos constantemente o luchamos por la perfección, entonces siempre estaremos decepcionados en nuestro desempeño. Esto no quiere decir que no deberíamos tratar de ser lo mejor para aquellos que servimos, más notable nuestros estudiantes. Tratar de lograr lo imposible día tras día no sólo es poco realista, pero también sería un inútil uso del tiempo y recursos.

Otras personas podrán decir que tú ya eres bueno o incluso genial, pero ambas de estas distinciones están en el ojo del espectador. Un cambio de mentalidad está en orden y requiere que todos nosotros reevaluemos como abordamos nuestra práctica profesional. El cambio es tan sencillo como efectivo. Escoge crecimiento, no la perfección. Al reflejar consistentemente en donde estamos hoy, podemos tomar medidas para crecer mañana, finalmente guiándonos a donde queremos ir y donde nuestros estudiantes necesitan que estemos. Perseguir el crecimiento es alcanzable y nos lleva a recompensas diarias, perseguir la perfección sólo nos lleva a la frustración inevitable. Siempre habrá lugar para mejorar, no importa cuál sea tu papel en la educación o que bien tu escuela se desempeña.

No te presiones enormemente a ser perfecto. Esto no sólo es poco realista, tampoco es necesario. En vez, sólo necesitamos esforzarnos a ser nuestra mejor versión.

Abraza el cambio

Existen muchos impedimentos al proceso de cambio. Uno de los peores culpables es en miedo. Muchas veces, esto nos nubla el juicio o inhibe nuestra motivación a tomar los riesgos necesarios para desafiar y volcar el status quo. En otros casos, podríamos temer fracasar. A menudo reflexiono como a través de la historia, muchas de los más celebrados cuentos de éxito de la sociedad pasaron por angustias y decepciones y número de fracasos. Estos fracasos famosos han influido nuestras vidas de muchas formas. A su modo de ver el hecho de fracasar fue un catalizador para aprender de sus errores y eventualmente implementar ideas o tener soluciones que han cambiado fundamentalmente el mundo. Mejor lo dijo Henry Ford: "El fracaso es la oportunidad de comenzar de nuevo más inteligente."

No hay nada fácil en un cambio. El proceso está lleno de obstáculos y retos. Uno de estos retos para muchos de nosotros es dejar ir ciertas cosas. Nuestra renuencia e inhabilidad de mover hacia adelante cuanto encaramos la decisión de mantener el curso o mover hacia territorios inexplorados puede para un cambio en seco antes que tenga la oportunidad de empezar. Generalmente hay muchos factores en juego, pero tres maneras comunes de comportarnos que mantienen a un gran número de nosotros aferrados a nuestras costumbres son: el miedo, los hábitos mentales y la testarudez. En diferentes momentos de mi carrera profesional, tuve que enfrentar cada uno de estos factores y la manera en que estaban paralizando mi capacidad de pensar diferente. Una vez que pude superarlos, el próximo paso fue ayudar a otras personas hacer lo mismo.

Todos le tenemos miedo a algo. Pero no podemos dejar que el miedo impida mejorarnos. El miedo a lo desconocido o al fracaso nos impide ir hacia adelante debido a un cambio. Zig Ziglar explica que "F-E-A-R / *M-i-e-do* tiene dos sentidos: 'Forget Everything And Run / *Olvida todo y huye*' o 'Fear Everything and Rise / *Tenle miedo a todo y surge*'. La elección es tuya" (Ziglar en Garner, 2017). La vida se trata de elecciones. No podemos permitirnos el lujo de que el miedo impida tanto a nosotros como a nuestros estudiantes de hacer todo lo que es posible. Es esencial entender que si tenemos miedo tomar un riesgo nunca cosecharemos las recompensas que tomar ese riesgo nos proveerá. Cuando intentas algo nuevo o diferente, lo más probable es que fracases. Si y cuando lo haces, aprende de esa experiencia y utiliza el poder de reflexión para mejorar tu práctica. Al dejar ir algunos de tus temores, te sorprenderás lo que puedes lograr. Nunca he sido alguien que abraza la idea que el fracasar en cualquier cosa sea bueno para uno. En la mayor parte, mis experiencias educativas me mantuvieron en una caja donde el destino determinaba el éxito, no el viaje. Las notas y los resultados de los exámenes eran los más importantes indicadores de qué tan bien lo hice, y con pocas excepciones, el proceso educativo se enfocaba en un camino lineal. Como he crecido profesionalmente y como aprendiz, algo que ahora creo es que el éxito y el aprendizaje siguen por el mismo camino, que son todo menos lineales y a veces procesos muy complicados. Es importante que los adultos entiendan esto si vamos a mejorar la educación de los estudiantes a escala.

Al entrar en la zona confort nos es difícil salir de ella, no importa lo mucho que lo intentemos. Cuando se trata de la educación, podemos ver muchas prácticas que caen dentro de esta categoría. El adversario más difícil que muchos de nosotros enfrentamos son los bloqueos mentales. A menudo pensamos que no podemos hacer ciertas cosas o hemos sido arrullados a un sentido de complacencia. Sin abrir nuestras mentes a nuevas ideas y diferentes maneras de hacer las cosas, un cambio jamás ocurrirá. Piensa en tus hábitos mentales impidiéndote implementar cambios innovadores. ¿Qué necesitas dejar ir primero para mejorar? ¿Cómo puedes ayudar a tus estudiantes hacer lo mismo?

El último problema que plaga el proceso de cambio es la terquedad pasada de moda. Es una característica que puede destruir amistades, matrimonios y relaciones profesionales. No sé por qué las personas pueden ser tan testarudas, pero pienso que tanto el miedo y los hábitos mentales influyen la terquedad. ¿Qué estás aguantando que puede que no sea en el mejor interés de tus estudiantes o las personas con quien trabajas? Creo que esta pregunta puede ser un catalizador para cambiar cierto comportamiento que tiene un impacto negativo no sólo en nuestra práctica sino en nuestras relaciones profesionales.

Fracasando hacia adelante

En la vida, existen ciertas verdades. Una de estas es que, para tener éxito, a veces, tienes que fracasar. Claro que este no siempre es el caso, si tú eres como soy yo, el éxito no siempre es fácil lograr, o se logra en el primer intento. Aprender a montar una bicicleta es uno de muchos buenos ejemplos. Este proceso comienza con ruedas entrenadoras para generar confianza, tener una idea de cómo pedalear y como frenar. Observar a un niño en esta etapa serpenteando en su bicicleta es regocijante, pero una experiencia angustiosa por lo que le sigue. El verdadero reto ocurre cuando se le remueven las ruedas entrenadoras a la bicicleta. La ansiedad de parte del adulto surge mientras el miedo y la duda se introducen en la mente del niño. Recuerdo claramente haberme caído muchas veces en esta etapa del proceso. Sin embargo, al final cada fracaso fue un bloque constructivo para mi eventual éxito.

El punto es que el miedo de fracasar no nos debe pesar, prevenir o escurecer nuestro camino hacia el éxito. Hasta el día de hoy, nuestras vidas personales y profesionales están repletas de distintos grados de fracasos. Pero, sé muy bien que estaría en un lugar muy diferente hoy día en ambos aspectos si viera estas experiencias como negativas y me detuviese constantemente en ellas. A veces es difícil superar un obstáculo cuando no creemos en nuestras habilidades e ideas. Al fin, todo depende de tu mentalidad y el aprender de tus errores.

William Arunda resume la relación distinta entre el fracaso y el éxito:

"El fracaso no es un paso hacia atrás; es un excelente peldaño hacia el éxito. Nunca aprendemos a salir de nuestra zona de confort si no superamos el miedo de un fracaso. Las compañías más progresivas deliberadamente buscan empleados cuyos antecedentes reflejan fracasos y éxitos. Eso se debe a que alguien que sobrevive un fracaso ha adquirido un conocimiento invaluable y la perseverancia imparable que nace de superar dificultades." (2015, Pág. 1)

Para eventualmente lograr el éxito, debes aceptar la posibilidad que primero vas a experimentar el fracaso. Hemos aprendido esta lección una y otra vez de los famosos fracasos a través de la historia. La relación entre los dos nos brinda una lección invaluable, que pueden tener influencia sobre nuestro comportamiento en el presente y mucho después en el futuro. Abajo hay unos conocimientos relacionados al fracaso y al éxito:

1. La determinación es el combustible. Serás derribado. La pregunta es ¿te levantaras? Continúa tratando hasta que logras lo que tú y otros desean.
2. Usa el fracaso como una forma valiosa de retroalimentación, que te pueda llevar hacia tu mejora y al éxito final.
3. Enfrenta tus temores, enfrenta los obstáculos inevitables y aquellos retos que siempre son parte de la ecuación. El ignorarlos o evitarlos no los hará desaparecer e inhibirá tu crecimiento.
4. Los errores son una oportunidad de aprender. La clave es no cometer el mismo error dos veces.
5. El esfuerzo consistente hace toda la diferencia.

Podemos aprender muchos más sobre el continuum éxito-fracaso, claro que sí. Después de enfocarnos a nivel individual, es esencial mirar más allá de nosotros mismos y hacia el panorama más amplio. El éxito depende de ver el cambio como un proceso, no un evento. Cuando se trabaja en colaboración dentro de un proceso de cambio, el fracaso y el éxito se convierten en una responsabilidad compartida donde los "bajos" se resuelven juntos, y los "altos" se celebran juntos.

El fracasar hacia adelante es la habilidad de reflejar sobre las consecuencias negativas no intencional al perseguir las metas y finalmente lograr el éxito después de aprender de estos escollos. Requiere una mentalidad arraigada en la determinación. La autoeficacia, paciencia, resiliencia, creatividad, pensar en el panorama general y la responsabilidad. Sobre todo, necesitas creer en ti mismo y tus propias habilidades. Cuando hablo con educadores sobre redefinir el fracaso y el éxito, siempre menciono el acrónimo que muchas personas usan hoy día para la palabra FAIL / FRACASAR: First Attempt In Learning / *El primer intento en aprender*. Pero ¿realmente cómo se ve eso en el contexto del aprendizaje transformativo, la innovación y el éxito? No miremos más lejos que los famosos fracasos a través de la historia que persistieron después de muchos intentos que resultaron en fracasos. Aunque hay muchos ejemplos, el que a mí me gusta compartir es la historia de Henry Ford. No sólo nos inspira su historia, pero la cita presentada previamente es una de las citas más poderosas en relación con el aprendizaje que yo conozco. Era un emprendedor asombroso que cambió la industria de transporte para siempre. Aunque eventualmente logró el éxito, Ford primero experimentó muchos fracasos. De las lecciones que aprendió después de cada revés, pudo fracasar hacia adelante sin cesar, eventualmente desarrollando un proceso de manufacturar un automóvil que era costo-eficiente, que producía automóviles confiables y les pagaba a los empleados bien, mientras creaba una cultural leal (Ford, 1922).

Para Ford, asegurar el capital necesario para sostener su ventura era difícil lograr y a finales de 1800 nadie había establecido un modelo comercial estándar para la industria del automóvil. Ford convenció a William H. Murphy, un hombre de negocios de Detroit, que apoyara su idea de producción de automóviles. La Detroit Automobile Company fue el resultado de esta unión, pero problemas surgieron poco después de su creación. En 1901, un año y medio después de que la compañía comenzó a operar, Murphy y los accionistas se pusieron inquietos. Ford quería crear un diseño de automóvil perfecto pero la junta directiva veía poco en cuanto a resultado. Poco después, disolvieron la compañía.

Ford recalibró sus esfuerzos después de este fracaso. Realizó que sus previos diseños de automóviles dependían en satisfacer numerosas necesidades de sus consumidores. Convenció a Murphy que le diera una segunda oportunidad. Pero su segunda ventura, la Henry Ford Company, se tropezó desde el comienzo. Ford sintió que Murphy lo había presionado a que preparase el automóvil para la producción y había establecido una expectativa poco realista desde el comienzo. Cuando Murphy trajo un gerente externo para supervisar el proceso de Ford, Ford dejó la compañía y todos lo dieron por perdido. Estos dos fracasos han podido ser el fin de su carrera, pero Ford perseveró. Pocos años después de la segunda separación de Murphy, Ford conoció a Alexander Malcomson, un magnate del carbón con un espíritu de tomar riesgos como Ford. Malcomson le dio a Ford control total sobre la producción y la compañía introdujo el Modelo A en 1904. Para Henry Ford, el fracaso no obstaculizó su innovación, pero sirvió como un ímpeto para perfeccionar su visión de una tecnología que al final transformaría en mundo.

La historia de Henry Ford otorga poderes porque él no dejó que el fracaso inhibiera su resolución de ser exitoso. Cada fracaso al intentar revolucionar la industria automovilista le brindo la lección vital que necesitaba para crear algo

> **Si es fácil, entonces probablemente no es el aprender.**

asombrante por medio del pensamiento disruptivo. Esta historia es igual virtualmente para toda otra persona que no logra el éxito inmediatamente. Debes tener ganas de cambiar. Entonces tienes que seguir adelante en el proceso de cambio, que no siempre va como uno desea. Al fin, tenemos que creer en nuestras habilidades de transformar ideas en acciones que producen un mejor, más exitoso resultado. La historia nos ha enseñado que nunca deberíamos dudar la diferencia que una persona puede hacer con la actitud correcta y compromiso hacia el cambio. Aquellos que fracasan hacia adelante cambian el mundo.

Lograr el éxito rara vez es fácil. Lo mismo va para el aprendizaje. Si es fácil, entonces probablemente no es el aprender. Nuestros alumnos también deben ver el valor de fracasar hacia adelante. Tienen que estar empoderados para pensar disruptivamente. Para darle a los estudiantes una comprensión más profunda por medio de aplicaciones auténticas, creación, y la construcción de un nuevo conocimiento, tenemos que evaluar nuestras prácticas actuales. Aprender de nuestros errores debe ser un componente iterativo de este proceso.

El confort y el miedo tienen una conexión íntima. Representan zonas en las cuales muchos caemos y a veces tenemos problemas encontrar una salida no importa cuánto lo intentamos. Cada uno funciona como una fuerza poderosa que nos mantiene en carriles respectivos que se perciben como que brindan beneficios individualmente o al nivel organizacional. Pero, la realidad es que estas zonas nos detienen y aquellos que servimos. Para que el cambio se vuelva costumbre y algo que se persigue cuando se necesita, es crucial que identifiquemos donde estamos actualmente, y avanzar desde allí al siguiente paso en el proceso de crecimiento.

La idea principal es encontrar confort en el crecimiento. Mientras observas los elementos representados en la imagen abajo, ¿dónde te ves dedicando más tiempo y energía? Ten cuidado no ver estas como zonas estáticas. Hay una gran cantidad de gris en cada zona. Considera desarrollar preguntas alineadas con cada área usando interrogantes como por qué, cómo, cuándo, y qué. La mejora y el éxito final dependen del reconocimiento de la zona donde pasamos más tiempo y hacemos esfuerzos consistentes para invertir más en el aprendizaje y el crecimiento.

Actos desinteresados

Un día salí a hacer unos recados. Para mí es una práctica normal usar este tiempo escuchando una variedad de estaciones de radio. Cuando escucho una charla entre los pinchadiscos (¿aún se le llaman así?) o comerciales, presiono rápidamente el botón de giro para escuchar una

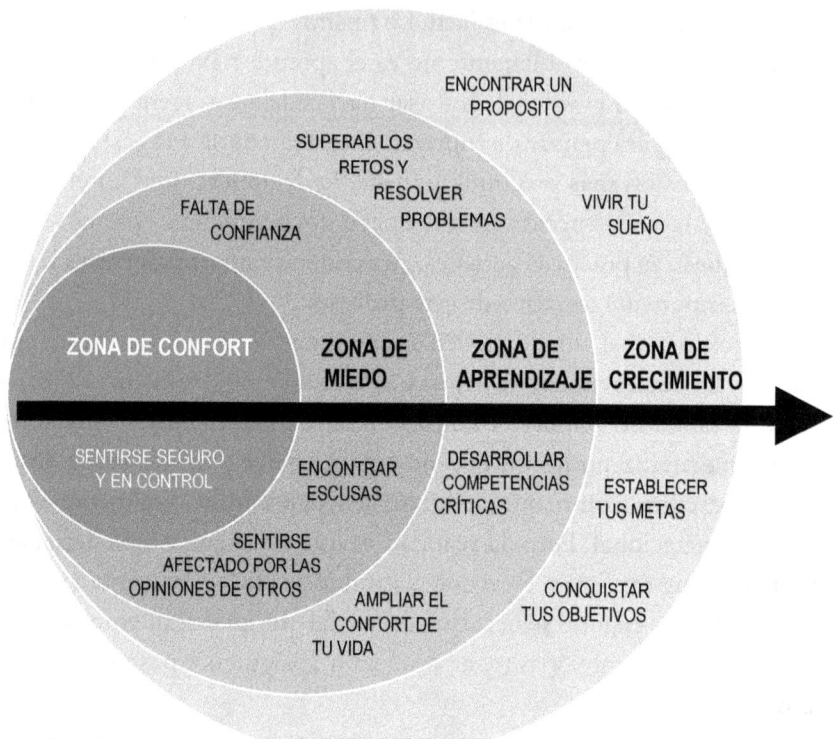

música tocando. Mientras jugueteaba por todos lados no encontraba nada en particular que me interesaba escuchar. Después de buscar y buscar, me decidí por mi favorita estación en Houston, con la esperanza de escuchar el comienzo de una canción que sería a mi gusto.

Ya que era una mañana de la semana, el diálogo entre las personalidades de la radio continuaba. Estaba listo para cambiar de estación de nuevo cuando la historia que comenzaron a compartir me captó la atención. Mandaron a los bomberos y socorristas a la casa de un hombre en Florida que había sufrido un ataque de corazón mientras colocaba césped nuevo en su propiedad. Mientras trataban al hombre, seguía insistiendo el hecho que tenía que continuar el trabajo porque la hierba se iba a secar y morir si no se instalaba y regaba pronto. Los bomberos y socorrista estaban como "Vamos, tío, acabas de sufrir un ataque de corazón. Tu vida es más importante que la hierba." Pero el hombre siguió quejándose y eventualmente dejó saber por qué estaba tan preocupado por terminar el trabajo. Aparentemente, recientemente la Asociación de propietarios le había advertido que o arreglaba su pasto o sufriría una multa.

Los bomberos y socorristas quedaron completamente aturdidos durante este suplicio, pero continuaron tratando al hombre con paciencia y desesperadamente intentaron meterlo en la ambulancia. Aun así, todo lo que podía pensar era instalar el césped y evitar la multa. Eventualmente, la esposa del hombre convenció a su esposo que se montara en la ambulancia asegurándole a su esposo que su hermano vendría y terminaría el trabajo. El hombre que sufrió el ataque de corazón finalmente estaba en camino al hospital a recibir un verdadero tratamiento.

Ahora viene la parte buena. Después de llevar al hombre al hospital, cada bombero y socorrista regresó a la casa del hombre y trabajaron al lado del cuñado hasta que terminaron el trabajo. Este acto desinteresado no sólo nos inspira, pero también nos brinda la oportunidad de reflejar sobre nuestro propósito.

No persigas la perfección. Persigue el crecimiento. Un área donde existen oportunidades continuas para crecer es el altruismo. Quiere decir que actuamos sin pensar en cómo nos beneficiaremos o seremos recompensados. Si brindamos nuestra ayuda a los demás, pero esperamos ser reconocidos o que el favor nos sea devuelto, este no sería un acto altruista. El verdadero altruismo significa que realizaríamos el hecho, aunque nadie se iría a enterar. Altruismo significa que nos identificamos con otras personas. Nuestro servicio a los demás no es un acto de caridad condescendiente; nuestra acción es motivada por un sentido de unidad. Ayudamos a los demás porque nos identificamos con sus problemas y sufrimiento. El altruismo es su propia recompensa.

Actos aleatorios de bondad siempre hace a las dos personas sentirse mejor: la persona que comete el acto y el beneficiario del acto. Para crear un mejor mundo para los estudiantes y para nosotros necesitamos empezar modelándolo al nivel individual. En las palabras de Esopo: "Ningún acto de bondad, no importa lo pequeño, jamás se desperdicia." Siempre hay cupo para un acto altruista dentro y fuera del aula.

El pulso de una cultura pensante

¿Qué hace que una cultura de pensamiento y aprendizaje sea exitosa? Si le preguntaras a un accionista, podrían decir que una escuela o distrito con logros de alto nivel en las notas de los exámenes estandarizados representan el éxito. Muchos padres elegirán mudarse a una zona y criar a sus hijos en ella solamente por esta razón. Sólo tienes que ver todo el escándalo alrededor de las clasificaciones globales, nacionales y estatales circundantes para darte cuenta de que este es el caso. Los padres y miembros de la comunidad monitorean estas clasificaciones porque estas tienen el poder de impactar positiva o negativamente el valor inmobiliario. No importa donde tu escuela o distrito cae en estas clasificaciones siempre existen accionistas descontentos que desean más.

El logro en las evaluaciones estandarizadas a menudo es visto como el más importante resultado de una cultura de aprendizaje próspera que está preparando a sus estudiantes para las demandas de la próxima etapa en su vida, sea una promoción de nivel de grado, o avanzar al colegio o a una carrera. Sin embargo, los que trabajamos en la educación sabemos que esto es lo más lejos de la verdad. El campo de juego no es igual en todas partes del mundo. El privilegio se les otorga a muchos por el código de zip en que residen o si una educación financiada con fondos privados es una opción. Así, en muchos casos los logros están directamente relacionados a circunstancias fuera de nuestro control.

No importa cuán exitosa los adultos piensen que una cultura de aprendizaje es. Por ser muy franco, no se trata de nosotros. No trabajamos para los administradores, el personal de la oficina central, los directores de escuela, las juntas de educación o los padres. Trabajamos para los niños. Así que la mejor forma de tomar el pulso correcto de una cultura de aprendizaje particular es compararla con las medidas tradicionales. No quiero decir que los resultados de los exámenes y las notas no importan. Estoy diciendo que las experiencias que forman a nuestros estudiantes y que les ayudan descubrir su verdadero potencial son más importantes. Algunos de los mejores aprendizajes que hemos experimentado nunca se les dio una nota. Fue nuestra habilidad de superar las luchas cognitivas, construir nuevos conocimientos, y aplicar lo que aprendimos creativamente que nos ayudó desarrollar una apreciación genuina por el aprendizaje.

La conclusión es que necesitamos cultivar los estudiantes competentes mientras los ubicamos en una posición que puedan ver el valor de su educación. Involucrar a nuestro grupo de partes interesadas número uno – nuestros estudiantes – en conversaciones críticas sobre la educación que están recibiendo nos provee el pulso preciso de la cultura de aprendizaje. Sólo porque un estudiante logra el éxito en una evaluación estándar o boletín de calificaciones no implica automáticamente que él o ella aprecia o valora la experiencia educativa o que podrá ver lo que se ha aprendido auténticamente. Tampoco necesariamente indica su habilidad de pensar de manera disruptiva. Para determinar donde se encuentra tu cultura de aprendizaje, pregúntales a tus estudiantes tres preguntas orientadoras:

- ¿Por qué estás aprendiendo lo que estás aprendiendo?
- ¿Cómo vas a utilizar lo que estás aprendiendo?
- ¿Qué le falta a tu experiencia de aprendizaje?

Es vital ponerle un lente crítico a nuestra labor y ver más allá de lo que los demás ven como el indicador más importante para el éxito. Cualidades poderosas como liderazgo, empatía, integridad, resiliencia, humildad, creatividad y la persistencia no se pueden medir con una evaluación estándar, pero son críticas par un éxito futuro. Una prospera cultura de pensamiento y aprendizaje mezcla estos elementos no sólo para apoyar los logros de los estudiantes, sino también los prepara para el futuro.

DESAFÍO DISRUPTIVO #2

Entabla una conversación reflexiva preguntándole a cinco estudiantes, colegas o padres de familia (o a los tres grupos juntos) estas dos preguntas sencillas pero reveladoras. 1. ¿Qué es lo único de la educación que nunca debe cambiar? 2. ¿Cuáles son las tres cosas de la educación que se deben cambiar de inmediato y por qué? Usa el conocimiento que recibes para retar tus propios hábitos mentales. Comparte tus reflexiones en los medios sociales con un video o imagen que creas e incluye el #DisruptiveThink hashtag.

SEGUNDA PARTE:
REPENSANDO EL APRENDIZAJE

CAPÍTULO 3

Instrucción que funciona

*"El maestro mediocre dice. El maestro bueno explica.
El maestro superior demuestra. El gran maestro inspira."*
William Arthur Ward

Mientras trabajo con más escuelas en el rol de entrenador, empiezo a ver tendencias específicas surgir. Veo ejemplos fantásticos de prácticas pedagógicas y estrategias innovativas que nos están guiando hacia mejores resultados de enseñanza. Sin embargo, mi rol, como las escuelas con las cuales me asocio y lo veo, no es sólo desembuchar tópicos y decirles lo que quieren oír. El aspecto más importante es empoderarlos que tomen un lente crítico a su labor a través de la evidencia que están reuniendo y empezar a pensar más profundo sobre los cambios necesarios a las prácticas corrientes.

Parece hace siglos estaba tomando cursos en la universidad de East Stroudsburg en Pennsylvania para ser un educador. Viendo hacia atrás a mi experiencia en mi formación docente, consistentemente se hacía énfasis en ciertas áreas. Estas incluyen el manejo de aulas, el objetivo de escuchar aprendiendo y el desarrollo de un plan de clases. Aun no puedo creer cuanto tiempo y enfoque le dedicamos al efectivo manejo de aulas. Mis profesores eran proponentes del modelo de

Teoría Instruccional en Práctica (ITIP) desarrollado por Madeline Hunter. Una vez que tuve mi propia aula, implementé lo que me habían enseñado para crear lecciones efectivas.

Por muchos años este marco fue la norma en las escuelas cuando se trataba de la instrucción directa y repetición. Los componentes principales son (Hunter, 1967):

- Objetivos declarados
- Resumen inicial
- Aporte instructivo
- Modelando
- Comprobación de la comprensión
- Práctica guiada
- Práctica independiente
- Conclusión

Virtualmente toda faceta del modelo de Hunter aún se puede usar en un salón de clase, aunque de ninguna manera todos los pasos deben ser parte de cada lección.

Lo viejo es nuevo de nuevo

Muchos de los principios originales de este modelo instruccional aún tienen mérito hoy día. Aún hay valor en la instrucción directa. En su metaanálisis de más de 800 estudios de investigación, John Hattie (2008) descubrió que la instrucción directa tiene dividendos por encima del promedio cuando se trata de resultados de los estudiantes. Otro metaanálisis sintetizando más de 400 estudiantes indica fuertes resultados positivos (Stockard et al., 2018). La efectividad de esta técnica pedagógica se basa en ser un pequeño componente de una lección. La regla general durante mis días como director de escuela era que los educadores limitaran los componentes de cualquier lectura. La instrucción directa se debería diseñar para que los estudiantes pudiesen construir (inducir) conceptos y generalizaciones. Por ejemplo, las lecciones se pueden dividir en breves ejercicios (de tres a cinco minutos) en temas un poco diferentes pero relacionados. Esto mantiene el nivel de interés y facilita que los estudiantes sinteticen el conocimiento de diferentes actividades en un conjunto más grande.

Ahora vivimos y trabajamos en tiempos diferentes. La tecnología, el perseguir la innovación, y los avances en investigaciones han cambiado fundamentalmente la cultura del aprendizaje en muchas escuelas para mejor. Cuando paso miles de horas caminando por las aulas en las escuelas, siempre estoy observando la convergencia de la instrucción y el aprendizaje. Para mí, la instrucción es lo que el adulto hace, mientras el aprendizaje es lo que hace el estudiante. Existen áreas grises aquí, pero la meta general es crecer continuamente examinando las prácticas pedagógicas corrientes con el objetivo de mejorar los resultados del aprendizaje de los niños. Con esto dicho, he regresado al modelo ITIP[1] y lo he adaptado un poco. Quedan algunas cosas mientras le he añadido otras cosas:

Objetivos de aprendizaje alineado con los estándares

Estos enmarcan la lección desde el punto de vista del estudiante y se presentan con declaraciones como "Yo puedo" o "Lo haré". Ayudan el estudiante captar el propósito de la lección – por qué es crucial aprender este concepto este día, y de esta manera. Los objetivos ayudan crear un ambiente en que los estudiantes exhiben ser más dueños de su aprendizaje. Preguntas críticas enmarcadas por la lente del aprendiz incluyen:

1. ¿Por qué es vital que yo aprenda y entienda esta idea, concepto, o tema?
2. ¿Cómo mostraré que lo he aprendido y qué tan bien tendré que hacerlo?
3. ¿Qué podré hacer cuando termino esta lección?

Conjunto anticipatorio

Un conjunto anticipatorio se usa para preparar a los estudiantes para las instrucciones o el aprendizaje consecuente. Esto se logra haciendo preguntas, añadiendo un contexto relevante, o haciendo una declaración que despierte el interés, creando imágenes mentales, revisando la información; e iniciando el proceso de aprendizaje. Una actividad "hazlo-ahora" intencional puede cumplir esto.

Los primeros cinco minutos de toda clase son críticos para su éxito, y un conjunto anticipatorio comprobado vale el tiempo investido cuando se trata de planificar las lecciones. Entiendo el hecho de que algunos educadores puedan cuestionar la validez de una estrategia que data a los años 1960. También es comprensible estar preocupado cuando consideramos las demandas que se les imponen a los maestros para completar el plan de estudios para que los niños estén listos para las pruebas estandarizadas. Sin embargo, crear un conjunto anticipatorio no debe ser una labor intensiva.

Durante unas visitas de entrenamiento a un distrito escolar en Mississippi, pude observar dos grandes ejemplos. En un aula de primaria cuando empezó la lección, los estudiantes respondieron la siguiente pregunta durante un bloque del arte de la lengua inglesa (ELA[2]): "Si pudieras ser cualquier animal en el mundo, ¿cuál serias y por qué?" En un aula de la escuela secundaria, un maestro usó un retrato para incitar o promover la siguiente pregunta que le haría al estudiante: "Qué está ocurriendo en este retrato? ¿Qué ves que te hace decir eso? ¿Qué más puedes ver?" En ambos casos, observé a los estudiantes escribiendo febrilmente impulsados por el interés.

Los conjuntos anticipatorios no deberían tomar mucho tiempo en cuanto a su planificación. Abajo hay unas ideas que se pueden implementar rápidamente:

- Mensajes de imagen o memes.
- Problema-real mundial del día.
- Evento actual o historia personal.

- Una señal escrita abierta que provoque investigaciones y creatividad.
- Adivinanzas.
- Videos cortos y atractivos seguidos de un turno y charla.
- Programas de intercambios gráficos (GIFs[3])
- Exploración sensual.
- Accesorios.

Asegúrate de aprovechar los minutos al comienzo de cada clase. Iniciar las lecciones con una explosión no sólo tiene sentido, pero también brinda beneficios en cuanto al aprendizaje y participación del estudiante.

Revisa el aprendizaje previo

Un conjunto anticipatorio bien estructurado pone a rodar la bola mientras una revisión del aprendizaje previo inmediatamente después ayuda asegurar que los estudiantes entiendan lo que se cubrió anteriormente. Sólo porque algo se presentó en clase no podemos asumir que los estudiantes realmente lo aprendieron, lo cual hace la revisión del aprendizaje previo crítico.

La investigación en la ciencia cognitiva ha demostrado que obtener el aprendizaje previo es un componente necesario del proceso de aprendizaje. La investigación también ha demostrado que los aprendices expertos son más adeptos en la transferencia de conocimiento que los novicios y que la práctica en la transferencia del aprendizaje se requiere para la buena enseñanza. (Bransford, Brown, and Cocking 2000). Considera hacer preguntas esenciales que se hicieron el día anterior.

Modelando

Modelar es una estrategia pedagógica donde el maestro o el estudiante demuestra cómo completar una tarea o actividades relacionadas con los objetivos del aprendizaje. Describe el proceso de aprendizaje o adquirir nueva información, habilidades, o comportamiento a través de la observación, en vez de la prueba y error o la experiencia directa. En muchos casos, el aprendizaje resulta de la observación (Holland & Kobasigawa, 1980). El modelaje es una de las maneras más efectivas para aprender cualquier habilidad o conocimiento. (Bandura, 1986). Enseñar a los estudiantes resolver problemas o abordar un concepto les ayuda más que simplemente decírselos.

Comprobando la comprensión
Comprobar la comprensión consiste en puntos específicos durante la lección o tarea cuando el maestro comprueba si el estudiante entiende el concepto o los pasos y como llevarlos a cabo para lograr el objetivo de enseñanza. Clarifica el propósito del aprendizaje, se puede usar como palanca de un mecanismo para la retroalimentación, y puede brindar información importante para modificar la lección. Dylan Williams (2011) posa la siguiente pregunta enfatizando la importancia de comprobar la comprensión mientras estamos aún en el proceso de aprender.

"¿Se entera el maestro si los estudiantes han comprendido algo cuando ellos (los estudiantes) aún están en la clase, o cuando todavía hay tiempo para hacer algo al respecto?"

El asesoramiento formativo al finalizar una lección no es algo obvio. Esto se puede incorporar como parte de la conclusión, seguimiento durante el tiempo de aprendizaje colaborativo o trabajo independiente, o a través del uso de la tecnología. Independientemente del método que se use, la clave es determinar si el aprendizaje ha ocurrido al finalizar la lección. Quiero enfocarme en algo sencillo e ideas fáciles de implementar que nos pueden ayudar determinar el aprendizaje a través de la lección.

Preguntas, preguntas, tras preguntas son una regla general. Interrogando, trabajando con, y respondiendo preguntas está en el corazón de facilitar el aprendizaje. El aprendizaje debe ser un proceso activo. Hacer preguntas es una acción. En mi papel como entrenador, casi siempre observo a los maestros haciendo preguntas. La clave, sin embargo, es que las preguntas se enfoquen no sólo en recordar los conocimientos y hechos, sino en si los niños entienden el concepto que se está discutiendo. Para iniciar los niveles más altos de pensamiento de los estudiantes, considera cómo vas a integrar el siguiente tipo de preguntas en lugar de aquellas basadas en el conocimiento, recuerdos, o estrategias basadas en preguntas con respuestas de una sola palabra.

- *Pregunta abierta* – no hay mejor manera de hacer que los estudiantes vayan más allá que simplemente indicar lo que ya saben que hacerles explicar su pensamiento. Este tipo de preguntas permiten un intercambio de más información tales como sentimientos, detalles que respaldan, actitudes, y una compresión más profunda de los conceptos que se están presentando. Requiere que los aprendices racionalicen y razonen más allá de resolver la respuesta formulando una posición u opinión. Es típico que no haya una repuesta correcta o incorrecta definitiva.
- *Basada en evidencia* – Tres tipos de preguntas empoderan a los estudiantes justificar su respuesta a través de la refutación. El maestro hace declaraciones válidas o inválidas buscando respuestas respaldadas con algún tipo de evidencia. El uso de evidencia permite a los estudiantes sacar provecho del aprendizaje previo, también les permite profundizar el contenido.
- *Explicación crítica* – Aun si un estudiante responde con una respuesta correcta, esta técnica de interrogatorio fomenta un pensamiento más crítico por medio del razonamiento. Lo único que el maestro tiene que hacer es simplemente preguntar "¿por qué" o "cómo?" para que los estudiantes profundicen su pensamiento.
- *El abogado del diablo* – Las preguntas deben inspirar más preguntas. Esta técnica empuja el pensamiento de los estudiantes obligándolos a considerar una perspectiva inversa.

Planteando preguntas verbales a través de una lección se queda sin decir es algo que se debe hacer consistente e intencionalmente. Los maestros deben llamar tanto a los voluntarios como a los no voluntarios cuando interrogan a los estudiantes. En otros casos, se seleccionan algunos para que vayan a la pizarra a resolver problemas mientras otros observan y proponen ideas. ¿Pero cómo se sabe si cada estudiante en a clase realmente comprende? A continuación, unas estrategias fáciles de implementar para mejorar los controles de comprensión de manera que todos los niños tengan la oportunidad de responder preguntas verbales:

- Proveer a cada estudiante con acceso a una pizarra blanca de borrado en seco para responder. Puedes comprar fundas de plástico transparente o trozos de papel blanco laminado para tener opciones muy baratas.
- Comprar escritorios o mesas que tiene una superficie de borrado en seco.
- Cubrir los escritorios y paredes con pintura de borrado en seco (ideapaint.com) una opción barata que transforma cualquier superficie plana en un espacio escribible.
- Usar las herramientas tecnológicos disponibles basados en la Web y que funcionan como multidimensionales sistemas de respuestas estudiantiles. Una lista de las últimas herramientas disponibles se encuentra en: *bit.ly/edtechdisrupt*

Práctica

La práctica guiada ocurre cuando los estudiantes se involucran en actividades de objetivos de aprendizaje bajo el liderazgo de un sistema de apoyo que asegure su éxito.

Una secuencia común que los maestros siguen es modelando, realizando la tarea en conjunto, y después dejar que la clase demuestre que aprenden por sí mismos. La práctica independiente ocurre cuando los aprendices practican y refuerzan lo que aprendieron después de que sean capaces de realizar la tarea sin apoyo.

Aplicación auténtica del aprendizaje

El aprendizaje auténtico o real (en inglés el acrónimo REAL (Relevant, Engaging, Authentic, Lasting/relevante, interesante, auténtico, durable) en el aula capacita a los estudiantes poder manejar la materia para resolver problemas, responder preguntas, formular sus propias preguntas, discutir, explicar, debatir, o aportar ideas. Estas actividades de-enfatizan la instrucción directa y pueden incluir preguntas de discusión y ejercicios de grupo, así como sesiones de plantear y responder preguntas, para transmitir conceptos de una manera significativa y memorable. Las técnicas pedagógicas personalizadas, combinadas y basadas en proyectos, así como la instrucción diferenciada y la agencia estudiantil[4] puede llevarnos a mayor apropiación entre los estudiantes. Esto se discutirá en el Capítulo 5.

Conclusión

Mientras los momentos iniciales con los estudiantes son críticos, también lo son los finales. Piensa en esto un minuto. ¿Cuál es el punto de un objetivo de aprendizaje, ya sea indicado, en la pizarra, o que los estudiantes tengan la oportunidad de descubrirlo ellos mismos, si no hay una oportunidad al terminar la lección de determinar si se logró? La conclusión importa, pero muchas lecciones que observé en las escuelas les faltaban este componente crucial de la enseñanza. El aprendizaje aumenta cuando las lecciones se concluyen de tal manera que ayudan a los estudiantes organizar y recordar el propósito de la lección. La conclusión fija la atención en el final de la lección, ayuda a los estudiantes organizar su aprendizaje, y refuerza los puntos importantes de la lección, permite a los estudiantes practicar lo que han aprendido, y les brinda la oportunidad de retroalimentar y revisar.

Kathy Ganske nos da esta toma sobre la lección de cierre:

"Como en un crucigrama, una lección eficiente tiene muchas piezas que deben encajar. Normalmente, le damos considerable tiempo a cómo comenzamos nuestras lecciones: activar o desarrollar conocimientos previos, enseñar el vocabulario esencial, captar la atención de los estudiantes, y establecer el propósito de la lección. Y seleccionamos cuidadosamente las tareas o actividades y los textos para usar durante la lección. Pero la conclusión a veces no se le presta la atención que merece o se omite totalmente. Debemos estar seguros de que reservamos tiempo para regresar al ¿qué?, ¿por qué?, y ¿cómo?

del aprendizaje de los estudiantes para ayudarlos sintetizar las piezas en un todo. La conclusión de la lección le da espacio para digerir y asimilar su aprendizaje y realizar su importancia. La conclusión es un componente de la planificación y enseñanza que no podemos dejar por fuera". (2017, pág. 99)

Una búsqueda en Google nos dará varias ideas sobre cómo cerrar una lección. Prefiero mantenerlo simple. Primero, asegura que lo has planificado y que has separado por lo menos de tres a cinco minutos para el final de cada clase. Segundo, considera las siguientes preguntas que los estudiantes deben responder o reflexionar en relación con el objetivo o meta de aprendizaje.

- ¿Exactamente qué aprendí?
- ¿Por qué lo aprendí?
- ¿Cómo voy a usar lo que aprendí hoy día fuera de la escuela, y se conecta al mundo real?

Si se usa boletos de salida, revistas, pizarras, o tecnología no importa. Lo que importa es que la conclusión o cierre se priorice como un componente esencial del aprendizaje.

Retroalimentación
Verbal o no verbal quiere decir justificar una nota, establecer criterios para mejoras, crear motivación para la siguiente tarea, reforzar el trabajo ejemplar, y actuar como un catalizador para la reflexión, todos son ejemplos de la retroalimentación. La retroalimentación es valiosa cuando se recibe, se comprende y se actúa sobre ella. (Nicol, 2010). Cómo los estudiantes analizan, discuten, y actúan sobre la retroalimentación es tan importante como la retroalimentación misma. Asegúrate que sea oportuna, se adhiera a los estándares y conceptos, y sea constructiva y significativa. El Capítulo 7 tratará más profundo con la importancia de la retroalimentación en la enseñanza.

Asesoramiento

Un buen diseñado asesoramiento establece grandes expectativas, establece una carga de trabajo razonable (una carga de trabajo que no fuerce al estudiante cómo preparase para sus materias de manera reproductiva) y les dé la oportunidad a los estudiantes para auto monitorearse, ensayar, practicar, y recibir retroalimentación. El asesoramiento es un componente integral de una experiencia educacional coherente. Para muchos estudiantes conscientes que serán asesorado al final basado en las actividades y tareas en que han participado, les hace prestar más atención. Una variedad de estrategias más allá de los exámenes tradicionales se puede usar como actividades basadas en su rendimiento, portfolios y rúbricas.

No todas estas estrategias se implementarán en cada lección, es cierto. Sin embargo, cada uno provee un lente para ver nuestras prácticas y hacer los cambios necesarios que pueden llevarnos hacia mejores resultados. También se debe notar que la tecnología representa un ajuste natural para la pedagogía que se puede usar para implementar estas estrategias con mejor fidelidad. Reserva tiempo todos los días para reflejar en qué lugar actualmente se encuentran tus estudiantes y a donde necesitan llegar finalmente, y cuáles son los siguientes pasos para cerrar esa brecha.

Las preguntas correctas

Las técnicas de interrogatorio son un aspecto del diseño instructivo que se puede mejorar fácilmente. Observando las preguntas de contenido, uno puede determinar el nivel de pensamiento que se espera que demuestren nuestros alumnos. Ejemplos a nivel bajo siempre empiezan con ¿quién?, ¿qué?, ¿dónde? y ¿cuándo? Estas no son inherente malas, ya que necesitas hacer preguntas fundamentales periódicamente antes de mover hacia arriba en un cuadro de taxonomía del conocimiento. El problema surge cuando la interrogación comienza y termina sin estimular a los estudiantes a aplicar sus pensamientos de maneras más complejas. Es más, los aprendices típicamente encuentran poco valor o propósito en tales preguntas, más allá que dar la respuesta "correcta".

Aquí radica un problema más importante de cómo veo muchos juegos de revisión y recursos digitales en uso en las aulas hoy día. Normalmente consisten en preguntas de opción múltiple de bajo nivel. Como mencioné anteriormente, para esto hay un tiempo y un lugar. Sin embargo, va sin decir que el énfasis en recordar y memorizar no va a preparar a los niños adecuadamente para prosperar tanto hoy como en el futuro. La disrupción causada por cambios exponenciales en la sociedad y vivir en una economía del conocimiento continúa dándonos esta lección. Si un estudiante puede fácilmente "googlear" la respuesta, la pregunta no es un gran reto. Es obvio que las preguntas son más importantes que las repuestas si el objetivo es el aprendizaje genuino.

Cuando se trata de una técnica de pregunta efectiva, no tienes que reinventar la rueda. La Taxonomía de Bloom proporciona toda la orientación que todo educador necesita para determinar si las preguntas que se le están preguntando a los estudiantes les empodera a pensar. El sistema de clasificación fue creado por Benjamín Bloom y otros psicólogos educativos en 1956. Representa un orden jerárquico de habilidades cognitivas que pueden, entre un sin número de otras cosas, ayudar a los maestros enseñar y a los estudiantes aprender.

Originalmente, los seis niveles de la Taxonomía de Bloom, en orden (del nivel más bajo al más alto) eran: conocimiento, comprensión, aplicación, análisis, síntesis y evaluación. Todas estas etapas se sincronizan con los dominios cognitivos que se relacionan con cómo el cerebro procesa información e ideas. Al principio de los años 2000, un grupo de psicólogos cognitivos hicieron unos pequeños cambios a la estructura de clasificación (Anderson & Krathwohl, 2001). A continuación la estructura actualizada:

1. *Recordando* – Reconocer o recordar un conocimiento de la memoria. *Recordando* es cuando la memoria se usa para recordar o recuperar, o producir definiciones, hechos, listas, o recitar información aprendida anteriormente.

2. *Entendimiento* – Construir un significado de diferentes tipos de funciones sean escritas o mensajes gráficos o actividades como interpretando, ejemplificando, clasificando, resumiendo, infiriendo, comparando o explicando.
3. *Aplicando* – Cumpliendo o usando un proceso ejecutando o implementándolo. *Aplicando* se relaciona con o se refiere a las situaciones en donde el material aprendido se usa por medio de productos como modelos, presentaciones, entrevistas o simulaciones.
4. *Analizando* – Quebrando los materiales o conceptos en piezas, determinando como las piezas se relacionan una con otra o como se interrelacionan, o como se relacionan con una estructura general o propósito. Las acciones mentales que se incluyen en esta función son diferenciando, organizando, y atribuyendo, y también poder distinguir entre los componentes y las piezas. Cuando uno está *analizando*, él o ella puede ilustrar esta función mental creando hojas de cálculo, encuestas, tablas, diagramas, o representaciones gráficas.
5. *Evaluando* – Basando los juicios de criterios u estándares revisando y criticándolos. Las críticas, recomendaciones y reportes son algunos productos que se pueden crear para demostrar el proceso de evaluación. En la taxonomía revisada la *evaluación* anticipa la creación porque muchas veces es una parte necesaria del comportamiento precursor antes de que alguien cree algo.
6. *Creando* – Juntando elementos para formar un todo coherente o funcional; reorganizando elementos en un nuevo patrón o estructura generando, planeando o produciendo. *Crear* requiere que el usuario junte las piezas en alguna nueva forma, o que sintetice las piezas en algo nuevo y diferente, creando una nueva forma de producto.

Los educadores deberían desarrollar preguntas que empoderen a los estudiantes demostrar un alto nivel de pensamiento y la maestría de los conceptos. Es importante notar que no toda pregunta tiene que estar en el más alto nivel del conocimiento taxónomo. La clave es tratar de empujarlos hacia arriba cuando se justifica, especialmente si están en el nivel de conocimiento fundamental. Si el eje de la pregunta empieza con ¿quién?, ¿qué?, ¿dónde?, o ¿cuándo?, existe una oportunidad de modificarla de manera que lleguen al próximo nivel.

Desarrollar y hacer preguntas que intencionalmente captan el interés del estudiante en pensar críticamente es la piedra angular de la enseñanza efectiva y el aprendizaje. Aún más importante es crear tareas de desempeño que requieren que los estudiantes apliquen su pensamiento de maneras relevantes. Aquí es donde el papel del diseño educativo es crítico. Retar a los estudiantes por medio de una aplicación autentica de lo que ha aprendido resulta en una investigación natural. En numerosas visitas como entrenador a diferentes escuelas, he visto como esto se repite repetidamente. Los estudiantes están tan inmersos en una actividad que la colaboración, creatividad y comunicación se converge en el pensamiento crítico espontáneamente mientras trabajan para resolver problemas auténticos. El resultado es que los estudiantes desarrollan y responden sus propias preguntas.

Un marco para pensar

Estudios han demostrado que los estudiantes entienden y retienen el conocimiento mejor cuando lo han aplicado en un ambiente práctico y relevante. Un maestro que depende solamente en la lectura no les ofrece a los estudiantes oportunidades óptimas de aprendizaje. En cambio, los estudiantes van a la escuela a ver al profesor trabajar. *EL Cuadro de rigor/relevancia del centro internacional* (*The International Center's Rigor/Relevance Framework*®) es una herramienta poderosa que ha capturado la imaginación de los educadores que aspiran realmente retar a todo estudiante. Los educadores pueden utilizar esta herramienta versátil para establecer sus propias metas de excelencia como planificar las metas de aprendizaje u objetivos que desean alcanzar.

Esta estructura es una herramienta para examinar el currículo, instrucción y asesoría dentro de dos dimensiones de estándares más altos y el logro del estudiante. Se puede utilizar para desarrollar ambos; la instrucción y el asesoramiento. Adicionalmente, los maestros pueden usarla para monitorear su propio progreso en adicionar rigor y relevancia y seleccionar la estrategia apropiada para diferenciar y facilitar las metas de aprendizaje.

La Taxonomía del Conocimiento (y-$axis$) es un continuum basado en los seis niveles de la Taxonomía de Bloom que describe la creciente manera compleja en que pensamos. El nivel bajo involucra adquiriendo conocimiento y ser capaz de recordar o localizar ese conocimiento. Así como una computadora termina la búsqueda de una palabra en un programa de procesar palabras, la persona competente en este nivel

CUADRO DE RIGOR/RELEVANCIA®

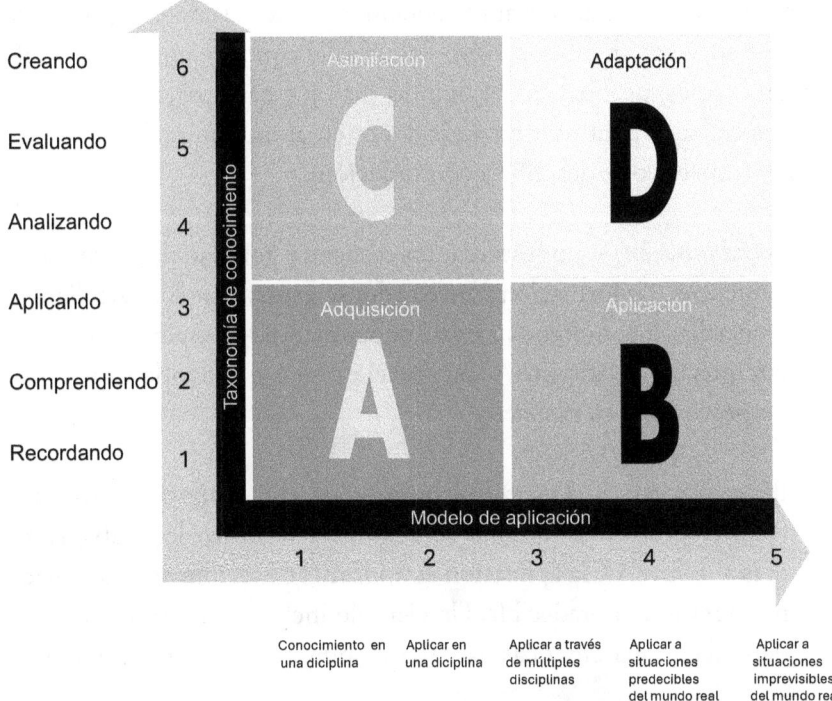

Del International Center for Leadership in Education (ICLE)/*Centro Internacional para Liderazgo en la Educación*. Reimpreso con permiso. Todo derecho reservado.

escanea miles de datos de información en su cerebro para localizar el conocimiento deseado.

La parte superior del Conocimiento Taxónomo califica las maneras más complejas en que los individuos usan y desarrollan un nuevo conocimiento. A este nivel, está completamente integrado en nuestra mente, y los individuos pueden hacer más que localizar la información – pueden tomar ciertos datos de conocimiento y combinarlos de maneras lógicas y creativas. La asimilación es una manera precisa de describir este alto nivel del pensamiento continuum. A menudo, es un nivel más alto en habilidades de pensamiento: a este nivel, el estudiante puede resolver problemas de varios pasos, crear trabajos únicos e idear soluciones.

El segundo continuum (*x-axis*) – creado por el Dr. Bill Dagget – se conoce como el Modelo A de aplicación. Un continuum de acción, sus cinco niveles describen el dándole uso al conocimiento. Mientras la parte inferior del continuum es conocimiento adquirido por sí mismo, la parte superior significa acción – el uso del conocimiento para resolver problemas, problemas del mundo real, y crear proyectos, diseños, y otros trabajos para usar en situaciones en el mundo real. Cada cuadrante respectivo se describe a continuación:

A (*adquisición*) – Los estudiantes recogen y guardan datos de conocimientos e información. Ante todo, se espera que los estudiantes recuerden o comprendan este conocimiento. Ejemplos de conocimientos del Cuadrante A son que el mundo es redondo y que Shakespeare escribió *Hamlet*.

B (*aplicación*) – Los estudiantes adquieren conocimiento para resolver problemas, diseñar soluciones, y terminar los trabajos. El más alto nivel de la aplicación es aplicar el conocimiento a situaciones nuevas e impredecible. Un ejemplo incluye saber cómo usar las habilidades matemáticas para hacer compras y contar el cambio.

C (*asimilación*) – Los estudiantes extienden y refinan el conocimiento adquirido para poder utilizar ese conocimiento automática y rutinariamente para solucionar problemas y crear soluciones. Aquí, los estudiantes abrazan los más altos niveles del conocimiento, tales como, cómo funciona el sistema político de la nación y analizar los beneficios y retos de la diversidad cultural de esta nación versus otras naciones.

D (*adaptaciones*) – Los estudiantes tienen la competencia de pensar en maneras complejas. Un ejemplo incluiría la habilidad de tener acceso a información en los sistemas de redes de áreas amplias y la habilidad de reunir conocimientos de una variedad de fuentes para resolver problemas complejos en el lugar de trabajo.

Con su estructura simple, directa, el cuadro puede servir como un puente entre la instrucción y el aprendizaje. Ofrece un lenguaje común con el cual expresa la noción de un currículo más riguroso y relevante y abarca mucho de lo que el mundo requiere hoy día de sus aprendices. El cuadro es versátil y se puede utilizar para desarrollar estrategias en la instrucción pedagógica y el asesoramiento. Igualmente, cada maestro puede medir su progreso añadiendo rigor y relevancia a sus instrucciones y elegir las estrategias apropiadas para llenar las necesidades y lograr las metas más elevadas de los estudiantes.

El sentido de las palabras

La jerga en la educación no es nada nuevo. La clave es hacer sentido de estas palabras como se aplican a nuestra práctica profesional. Sea en persona o en eventos y talleres, o en los espacios de redes sociales, veo que habitualmente se desarrollan conversaciones en que los educadores toman cierta posición sobre el sentido de ciertas palabras específicas. Veo una gran cantidad de tiempo y energía gastada debatiendo los aspectos negativos de ciertas palabras que otros educadores valoran.

Por ejemplo, palabras como grava, innovación, herrando, mentalidad, preparado para el futuro, aprendizaje más profundo, y personalización me vienen a la mente, algunas que provocan discusiones acaloradas entre algunos educadores. Cada día varias personas intervienen expresando su crítica de ciertas palabras cuando aparecen artículos enfocando en sus méritos. ¿La opinión de alguien sobre el sentido de la palabra realmente importa, o se trata más del resultado? El punto más importante es el impacto que la práctica y las estrategias relacionadas con el término tienen en mejorar la cultura de aprendizaje en nuestras escuelas. ¿Acaso nuestros estudiantes sienten lo mismo en cuanto a estas palabras como los adultos que gastan energía descontándolas? Tal vez me encuentro fuera de base en mi forma de pensar sobre esto, pero trato de encontrar algún valor en muchas de las palabras listadas arriba porque veo como pueden contribuir hacia una cultura escolar positiva.

Hay una palabra en particular que vale la pena discutir – "rigor". He vista a muchas personas que respeto acalorarse sobre el término. Fuera del contexto educacional, la palabra rigor puede implicar siendo rígido, inflexible, estricto, duro o exigente. Cuando se considera en estos términos, no nos sorprende que muchas personas están en desacuerdo con esta palabra. Sin embargo, yo veo "rigor" muy diferente y trato de compartir mi punto de vista cuando trabajo con otros educadores.

La veo como una manera de enmarcar las lecciones y los resultados de aprendizaje al alto nivel de la taxonomía del conocimiento. El aprendizaje rigoroso empodera al estudiante desarrollar su habilidad de pensar de maneras más complejas y los prepara a aplicar su conocimiento y sus habilidades por medios relevantes. Aun cuando se enfrentan con incógnitas desconcertantes, los estudiantes pueden utilizar sus amplios conocimientos y habilidades para crear soluciones y tomar acciones que desarrollan más sus habilidades y conocimiento. Este es mi punto de vista sobre "rigor", incluyendo le qué es y lo que no es:

Rigor: Una tarea que reta a los estudiantes utilizar sus habilidades de pensamiento crítico o un ambiente de aprendizaje que es desafiante, pero solidario y atractivo.

Lecciones rigurosas y actividades de aprendizaje que piden al estudiante componer, crear, diseñar, inventar, predecir, investigar, resumir, defender, comparar, y justificar para demostrar un dominio conceptual y alcanzar los estándares. El rigor es simplemente comprometerse en los niveles altos del aprendizaje, incluyendo:

- Andamiaje para el pensamiento
- Planificando el pensamiento
- Evaluando el pensamiento
- Reconociendo el nivel de pensamiento que los estudiantes demuestran
- Manejando la enseñanza/el nivel de aprendizaje por el nivel de aprendizaje deseado

Rigor NO ES:

- Más o más complejas hojas de trabajo
- Cursos de Colocación Avanzada/AP (*Advanced Placement*), superdotados, o con honores
- Un libro de lectura de más alto nivel
- Cubriendo más contenido
- Más tareas

El aprendizaje de rigor es para todo estudiante. La percepción que el rigor se aplica solamente a ciertos grupos es en el mejor de los casos ser corto de vista y en el peor caso dañino a los estudiantes. He aquí otro punto de confusión con la palabra. Todo estudiante no sólo merece una rigurosa expectativa de aprendizaje, pero se le debe hacer sentir como que puede manejar estas altas expectativas.

No ser flexible con el sentido de palabras y términos educacionales parece un poco hipócrita. Tomar el lado opuesto de términos que otros encuentran ser útiles, en sí parece un poco rígido, estricto e inflexible. Las palabras en la educación son lo que las haces. Trata de mantener tu mente abierta y el valor inherente de estas palabras pueden brindar más contexto a tu propio trabajo y metas, pero más importante, el de tus estudiantes.

Creando conexiones

Una tarde que estaba trabajando en casa, que para mí era raro antes de la pandemia, me acurruqué en la oficina en casa y enfoqué mi atención en responder mis e-mails, escribir una entrada de blog, cambiando algunas presentaciones y poniendo al día todos mis folletos digitales que todos los participantes reciben durante una de mis *keynotes* o talleres. Siempre juntos a mí durante estos días de trabajos-desde-casa están mis queridos perros Roxie y Taz. Como siempre, se encontraban echados sobre el sofá, dormidos. El ronquido de Roxie no sólo me hizo sonreír, sino también me hizo celoso que él no tenía ninguna preocupación en el mundo y gozaba la vida de una mascota mimada.

Mas tarde el mismo día, me moví de mi escritorio y me senté en el sofá junto con mis perros. Antes de darme cuenta, aparentemente me quedé dormido. Me di cuenta de que me había dormido cuando mi hijo, Nick, me despertó cuando regresó a casa desde la escuela. Bueno, estaba disfrutando una de esas siestas profundas así que estaba un poco molesto cuando me interrumpió ese momento de pura felicidad. Sin embargo, mi molestia con él duró poco cuando me di cuenta de que me había despertado para compartir un proyecto que había terminado en la escuela.

Mi hijo en ese tiempo en el séptimo grado estaba parado frente a mí con un puente en sus manos que había construido como parte de un proyecto de ingeniería. Mientras me daba los detalles de cómo lo había construido, podía ver lo orgulloso que estaba de su creación. Nick estaba radiante mientras me informaba que su puente ranqueaba el 5to mejor en una clase de 28 estudiantes. Normalmente es mi hija que regresa de la escuela y consistentemente involucra a su madre y a mí en conversaciones sobre lo increíble que pasó el día aprendiendo. Este no era normalmente el caso con mi hijo, así que disfruté la oportunidad de lograr una inmersión más profunda en la experiencia de aprendizaje en esa clase en particular.

Mi hijo era afortunado en estudiar la ingeniería en el séptimo grado todos los días. A través del año traía proyectos innovadores que él había creado, y cada uno iniciaba una conversación sobre por qué esta manera de aprender era importante y cómo lo beneficiaría en el mundo real.

El resultado de estas conversaciones ilustra qué impactante eran estas experiencias diarias para él. Se le había empoderado adueñarse de su aprendizaje aplicando activamente lo que había aprendido en su clase mientras hacía conexiones con la matemática, la historia y la ciencia. El dominio conceptual se transfería a lo que él podía construir efectivamente con sus manos. También había conexiones con el lenguaje, ya que los estudiantes se les alentaba escribir y hablar sobre los principios de la ingeniería detrás de estos diseños.

Mi hijo se convirtió en un aprendiz empoderado de la ingeniería porque se creó un puente entre muchos elementos para facilitar REAL (Relevant, Engaging, Authentic, Lasting/relevante, interesante, auténtico, durable). Aprovechando de la experiencia de mi hijo y lo que conocemos de pedagogía efectiva, me recordé que los siguientes elementos trabajan juntos para empoderar a los estudiantes:

- Conexiones interdisciplinarias
- Contextos auténticos
- Opciones
- Aplicaciones prácticas
- Creación de productos que demuestran dominio conceptual
- Retroalimentación significativa

Para preparar a los estudiantes al mundo del mañana, debemos transformar su aprendizaje actual. Este cambio no es tan difícil como uno podría asumir. Mientras piensas en desarrollar o evaluar lecciones, actividades de aprendizaje, proyectos y tareas de desempeño, pregúntate si los seis elementos arriba están integrados. Si lo están, entonces lo más probable es que tus estudiantes no sólo estarán empoderados, sino que también desarrollarán una apreciación por el aprendizaje. Los aprendices contentos son aprendices

> **Para preparar a los estudiantes para el mundo del mañana, debemos transformar su aprendizaje actual**

empoderados cuando las conexiones y elementos correctos se pontean juntos. El resultado es la fundación del pensamiento disruptivo.

La relevancia impulsa el pensamiento

Hay muchas preguntas importantes que debemos hacer e intentar responderlas si queremos producir estudiantes que están dedicados a pensar y aprender. Muchas de estas opciones comienzan con ¿por qué? y ¿cómo? Simon Sinek (2009) nos recuerda que las preguntas más importantes deberían empezar con el enfoque en ¿por qué?

Su idea trae un contexto que se necesita que ayude impulsar un cambio significativo en cualquier organización. Por lo general, las organizaciones saben *qué* hacen. Algunas organizaciones saben *cómo* lo hacen. Sin embargo, como Sinek continúa explicando, pocas organizaciones saben *por qué* hacen lo que hacen. Ahora, substituye las organizaciones por el aula. El "por qué" se concentra en el propósito, los valores, las creencias y los sentimientos. El "qué," y hasta cierto punto, el "cómo," están rodeado por cierta cantidad de claridad. El "por qué" es un animal completamente diferente y siempre un poquito vago en las aulas. A veces es difícil articularlo; así que tomamos el camino más fácil y enfocamos nuestras preguntas en el "qué" y el "cómo".

El "por qué" importa más que nada en el contexto de las escuelas y la educación. Ponte en el lugar de un estudiante por un momento. Si él o ella no entiende por qué están aprendiendo lo que se le está enseñando, la posibilidad que el estudiante se comprometa o empodere o piense críticamente se disminuye considerablemente. Cada lección debería abordar directamente el "por qué" detrás de los resultados de aprendizaje previstos. Qué y cómo asesoramos tiene poco o ningún peso en los ojos de nuestros estudiantes si no entienden y aprecian el valor de la experiencia educativa.

El enfocarse en el "por qué" es un buen punto de partida, pero hacernos responsables es otra cosa. Por eso, como director les pedía a mis maestros que incluyeran un contenido auténtico y conexiones interdisciplinarias en cada lección y proyecto que diseñaban e implementaban con sus estudiantes. Asegurábamos la responsabilidad a través de varias observaciones, recorridos, colección de artefactos, y añadiendo un componente de portfolio al proceso de evaluación. Descubriendo el "por qué" se arraigó en el ADN de la cultura de nuestra escuela. La relevancia debería ser algo no-negociable en toda tarea de aprendizaje. Si un estudiante no sabe por qué él o ella están aprendiendo algo, eso nos cae a nosotros. Aprendiendo hoy y más allá debe ser algo personal para cada estudiante.

Nuestra labor no termina allí. Desde una perspectiva más amplia, los estudiantes necesitan una mejor respuesta a la pregunta ¿por qué necesitan la escuela y la educación en lo absoluto? Los estudiantes necesitan entender por qué el éxito en la escuela les sirve tanto dentro como fuera del aula. Un enfoque renovado en crear escuelas que funcionan para los niños por medio de estrategias de aprendizaje poco comunes que no se están implementando en las escuelas de manera generalizada puede ayudar transformar muchas facetas de la educación tradicional (Sheninger, 2015). Transformar el aprendizaje es una tarea trascendental que se debe impulsar descubriendo el por qué de todas las facetas de la cultura escolar.

Esta conversación sobre el "por qué" también se debe aplicar a los educadores profesionales. Es crítico que puedan articular el por qué en relación con su propio trabajo. Por ejemplo, en la tecnología. Para muchos educadores, simplemente usar la tecnología en sus lecciones periódicamente es su único enfoque. Algunas preguntas con que comúnmente me cruzo incluyen: "¿Cuáles son los Apps y herramientas que puedo utilizar en mi aula o escuela?" "¿Cómo puedo integrar la tecnología para mejorar el aprendizaje?" Estas preguntas no son necesariamente relevantes, pero casi siempre se enfocan en qué herramientas utilizar en una lección, no en el aprendizaje que debe ocurrir durante y después de la lección. Slo observa a tu alrededor las sesiones de tantas conferencias sobre la tecnología. Cuando sesiones como "50 Apps en 50 minutos" sólo tienen espacio para que la multitud esté de pie, mientras las sesiones de "Mejorando tus prácticas de instrucción" tienen mucho menos, es una señal que estamos más enfocados en el *qué* y el *cómo* opuesto al *por qué* lo hacemos.

Si se trata de utilizar la tecnología efectivamente, crecer profesionalmente, innovar o mejorar la instrucción, Sinek nos recuerda que siempre enfoquemos primero en el "por qué". Esto nos permite darles claridad a nuestras ideas, alinear las investigaciones pertinentes, y edificar las prácticas en acción para apoyar e instalar un sentido de valor en la labor a mano. Los estudiantes tienen que creer en su escuela y el valor del aprendizaje. Los educadores deben creer en su misión, visión, valores y metas de la escuela para mejorar. También deben creer en buscar mejores caminos para crecer que vayan más allá que los extractos, herramientas llamativas e ideas de poca sustancia. Descubrir el por qué detrás de nuestras labores es la clave para un cambio sostenible y prácticas transformativas que le otorga poder a todos los aprendices para pensar disruptivamente.

En pocas palabras, la relevancia les ofrece a los aprendices el propósito para aprender. Si está ausente de cualquier actividad o lección, muchos estudiantes estarán menos motivados para aprender en su mayor potencial. Investigaciones sobre los elementos subyacentes que empujan la motivación de los estudiantes valida lo esencial que es establecer un contexto relevante. Kembler et al. (2008) condujo un estudio en el cual treinta y seis estudiantes fueron entrevistados sobre los aspectos de ambientes de enseñanza y aprendizaje que motivaban o desmotivaban su aprendizaje. Descubrieron que una de las más importantes maneras de motivar el aprendizaje de los estudiantes era establecer la relevancia. Era un factor crucial en proveer un contexto de aprendizaje en el cual los estudiantes construían su propia comprensión del material del curso. Los entrevistadores encontraron que enseñar sólo una teoría abstracta era desmotivadora. La relevancia se podía establecer mostrando cómo la teoría se podía aplicar en la práctica creando relevancia a los casos locales, relacionando el material a las aplicaciones diarias, o encontrando aplicaciones en eventos corrientes de interés periodístico.

Hacer que los niños piensen es algo laudable, pero si no llegan a entender cómo les ayudará este pensamiento, ¿realmente le dan valor al aprendizaje? La respuesta obvia es no. Sin embargo, no se necesitan muchos preparativos para darle sentido a una lección, proyecto o asignatura. La relevancia empieza con los estudiantes adquiriendo conocimiento y aplicándolo a múltiples diciplinas para ver cómo se conecta con el panorama general. Se incorpora aún más en el proceso de aprendizaje cuando el estudiante aplica lo que ha aprendido a las situaciones predecibles e impredecibles del mundo actual, resultando en la construcción de en nuevo conocimiento. De este modo, una lección o una labor relevante empodera a los estudiantes usar su conocimiento para enfrentarse con los problemas del mundo real que tienen más que una solución.

> Una lección o una labor relevante empodera a los estudiantes usar su conocimiento para enfrentarse con los problemas del mundo real que tienen más que una solución

Los estudiantes responden bien a las actividades relevantes y contextuales. Esto mejora la memoria tanto de corto como de largo plazo. Sara Briggs lo resume así:

"La investigación muestra que la enseñanza relevante quiere decir aprendizaje efectivo y eso debería ser suficiente para que repensemos nuestra planificación de clases (y la cultura de la escuela si vamos al caso). Resulta que el método viejo de ejercicios de repetición que acaba con la motivación de los estudiantes es neurológicamente inútil. Actividades relevantes, significativas, que involucran a nuestros estudiantes emocionalmente y los conecta con lo que ya saben son las que ayudan construir conexiones neurales y una memoria de almacenamiento de largo alcance. En las palabras de Will Durant basadas en la obra de Aristóteles. 'Somos lo que hacemos repetidamente. La excelencia no es un acto, sino un hábito.' El punto aquí es que debemos ser consistentes en nuestro esfuerzo por integrar conexiones interdisciplinarias y contextos auténticos para impartir valor a nuestros estudiantes. La relevancia debe ser basada en los estudiantes: la vida del estudiante, la familia del estudiante, y amigos, la comunidad de los estudiantes, el mundo hoy día, acontecimientos actuales, etc." (2014, pág.7).

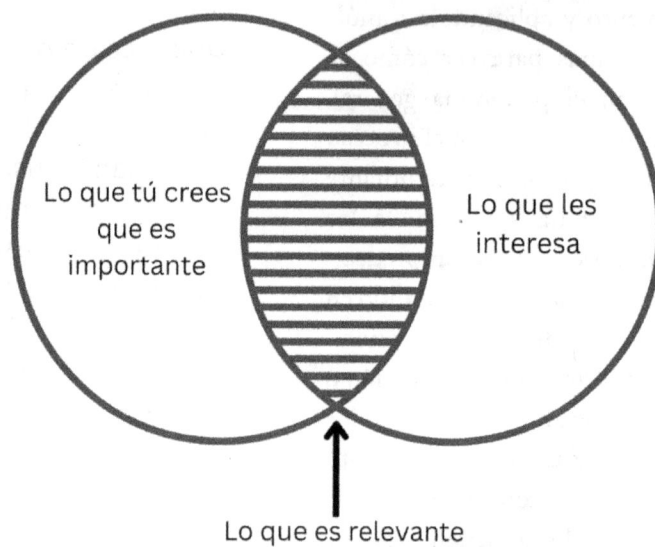

Lo que es relevante

Si una lección o proyecto es relevante, los estudiantes podrán decirte:

1. Lo que aprendieron
2. Por qué lo aprendieron
3. Como van a utilizar lo que aprendieron dentro de un contexto significante, tanto adentro como afuera de la escuela.

Sin relevancia, el aprendizaje no siempre tendrá sentido para los alumnos. Debemos planificar intencionalmente para asegurar que la relevancia se convierta en un pilar de nuestra planificación pedagógica diaria y práctica.

El contenido tiene su propósito

Cuando pienso en mis días estudiantiles, el contenido del curso parecía estar en la vanguardia de cada clase. Ya sea que se disemino durante una lectura en el colegio, o instrucciones directas en K-12, o a veces tomado de un libro o enciclopedia, el contenido estaba en todas partes.

Mientras más lo pienso, el contenido era el enfoque predominante en cada clase que tuve. Dia tras día un ciclo repetitivo se producía en la mayoría de las clases donde a mis compañeros de clases y a mí nos daban información y después se no hacía demostrar lo que habíamos aprendido, o en algunos casos, construir un nuevo conocimiento. El resultado final es que yo, como muchos otros estudiantes en ese tiempo, "hicimos la escuela" lo mejor que podíamos, nunca cuestionando el proceso. Al final, para nosotros era tan sencillo como pasar el examen.

Ahora, no estoy diciendo que el contenido no es valioso o que no sea necesario como base para ir de bajo a alto nivel de aprendizaje. Huelga decir que cierta cantidad de contenido fundamental se requiere para todos nosotros, tales como aprender las letras y números antes de moverse a diferentes niveles de construcción de conocimiento en el arte de lenguajes y la matemática, respectivamente. Pero seamos realistas, mientras los estudiantes se mueven a través del sistema, presentar el contenido y adquirir conocimiento se puede acceder fácilmente utilizando una variedad de dispositivos móviles. Esto plantea la pregunta: ¿qué relevante es el contenido en un mundo que continúa evolucionando exponencialmente gracias a los avances technológicos?

Cuando reflejo sobre esto, recuerdo la siguiente cita de Steve Revington (2016) "El contenido sin algún propósito es trivia." Los estudiantes hoy día no son tan dóciles o conformistas como muchos de nosotros en el pasado – ni deberían serlo.

Una lección, proyecto o actividad que es relevante y tiene propósito permite al estudiante usar tanto el contenido como su conocimiento para abordar problemas del mundo real que tienen más de una solución. Un cambio significativo aquí es la clave: el aprendizaje comprometido empodera a los niños poner su conocimiento al uso, no solamente adquirir conocimiento por sí mismo. Muchos lo desean y merecen usar el contenido y conocimiento adquirido en formas auténticas. Su valor depende en cómo se aplica para desarrollar el pensamiento de una forma deliberada.

Ser un genio en trivia puede ayudar a un participante en el programa de juegos *Jeopardy* pero tiene poco valor en el juego de la vida.

Lo que está en juego es mucho más alto hoy día, que quiere decir que tenemos que analizar nuestra labor consistentemente para continuar creciendo y mejorando. Ayudando a nuestros aprendices encontrar un mayor propósito en lo que aprenden hoy les beneficiará mucho después en el futuro.

Trae el asombro

El asombro nos puede parecer otra palabra de siete letras, pero es mucho más que eso. A los humanos nos puede dar la piel de gallina cuando sentimos asombro, ese sentido exuberante de estar en la presencia de algo que transciende nuestra comprensión del mundo. Es un catalizador que puede motivar a la gente a hacer más bien. El asombro nos ayuda conectar con otros, motivándonos a actuar en formas colaborativas que habilitan grupos fuertes y comunidades cohesivas.

Ve hacia atrás a la última vez que tu tuviste una experiencia asombrosa y piensa en cómo te impactó. Apostaría que te acordaste de muchas experiencias asombrosas específicas. Descripciones como asombroso, boquiabierto, satisfactorio y extático probablemente te vienen a la mente. El poder del asombro, o la sorpresa, no se puede exagerar. Cuando experimentamos la sensación de asombro, nos consume la maravilla, relevancia, emoción, compromiso, inspiración, y conexiones al mundo real. Es un ingrediente crucial para hacer que las ideas resuenen.

Varios estudios de investigación apoyan los muchos beneficios en tener nuestra mente estirada de maneras saludables pero poderosas. Investigadores de Stanford y la Universidad de Minnesota encontraron que los participantes que experimentaron asombro, relativo a otras emociones, sentían como que tenían más tiempo a su disposición, eran menos impacientes, y estaban más dispuestos a ofrecer su tiempo como voluntario para ayudar a otros, y preferían mucho más las experiencias sobre bienes materiales (Bosler, 2023). El asombro es una experiencia de tal amplitud perceptual que necesitas nuevos mapas para tratar con su incomprensibilidad.

Aplicar este concepto de educación es excitante y un reto. La sorpresa es una fuerza motivacional para el aprendizaje que no sólo beneficia a nuestros estudiantes ahora, sino bien en su futuro. Sin embargo, las opiniones tradicionales y funciones de las escuelas privan a ciertos estudiantes la experiencia de la alegría y el poder del asombro como el catalizador del aprendizaje significante. Las políticas actuales en algunas escuelas enfocan el control, cumplimiento, conformidad y reglas que no les inspiran asombro a nuestros aprendices. Lo escuchamos una y otra vez – los estudiantes están desmotivados, aburridos y desempoderados. Un cambio sistemático se necesita aun en escuelas donde hay focos aislados de excelencia, porque todos los estudiantes deberían estar expuestos al poder del asombro.

Tenemos la responsabilidad no sólo de enseñar, sino inspirar a nuestros estudiantes con sorpresas tejidas dentro de su experiencia diaria de aprendizaje. Para lograr esto, tenemos que innovar nuestra práctica. En mi definición, "innovación" incluye crear, implementar y mantener ideas transformativas que causan sorpresa para mejorar el aprendizaje. Aumentar nuestro deseo de innovar puede resultar en cambios disruptivos en nuestra manera de pensar y aprender.

La disrupción de una manera que facilite las oportunidades de un mejor aprendizaje que capte y empodere a nuestros estudiantes a través del asombro o sorpresa debe ser el objetivo principal de la educación y los educadores. Para empujar la innovación, debemos enfocar en las necesidades particulares del aprendiz, nuevas tecnologías, un ambiente de aprendizaje en evolución e ideas audaces.

Las escuelas y los educadores pueden tomar ventaja de los estimulantes inherentes en estos impulsores para crear mejores, más significantes experiencias de aprendizaje para aquellos estudiantes que se aprovechan del poder del asombro. Construyendo sobre una base pedagógica sólida basada en el rigor, las relevancias y las relaciones, los impulsores de la innovación pueden regresar el asombro a la educación. Veamos estos impulsores en un poco más detalle:

- **Nuevas y mejores tecnologías** – la tecnología continúa evolucionando rápidamente, que le presenta a la educación unas oportunidades excitantes para asombrar a los aprendices. Algunos ejemplos incluyen la realidad aumentada[5], realidad virtual, recursos de la educación abierta, herramientas adaptivas, drones/robótica, inteligencia artificial, hologramas y gamificación. Con toda la emoción y posibilidades, es importante recordar que la pedagogía triunfa sobre la tecnología si el objetivo es el aprendizaje significativo del estudiante.
- **Ambientes de aprendizaje evolucionando** – Puede que tengas todas las mejores herramientas de aprendizaje digitales y técnicas, pero si el ambiente de aprendizaje permanece igual, puede que los resultados que esperamos nunca se materialicen. Los espacios diseñados para el alumno, tanto físico como virtuales, ponen el énfasis en el confort, la flexibilidad, le elección y el uso de herramientas auténticas. Reflejan el mundo real, aprovechan el aire libre y capitalizan la tecnología.
- **Necesidades únicas del aprendiz** – Los aprendices anhelan in propósito mayor y un sentido de relevancia en su aprendizaje. Debemos aprovechar el regalo que el acceso a las fuentes de información en tiempo real para fomentar el aprendizaje de los estudiantes a cualquier hora, en donde sea y con quien sea. El asombro se puede cultivar en las oportunidades del aprendizaje personal o personalizado en el cual la motivación principal para aprender viene de la agencia estudiantil. Esto culmina en moverse desde el consumo a la creación como un medio para que los estudiantes nos sorprendan en su experiencia de aprendizaje.
- **Ideas audaces** – Debemos movernos de "negocio como de costumbre" a "negocio como no de costumbre." La ideas audaces trabajan para contrarrestar el status quo y las corrientes políticas de la reforma educativa. Debemos trabajar para elevar la profesión, integrar más juego en la jornada escolar, aceptar fracasos como parte normal del proceso de aprendizaje a través del sistema, redefinir el éxito y el aprendizaje, tratar de refinar o eliminar

prácticas anticuadas y proveer un desarrollo profesional significante con responsabilidad por el crecimiento y mejora.

Para inspirar a los estudiante debemos hacer un esfuerzo concertado para devolver el asombro al aprendizaje. Este no es un viaje fácil, pero uno que bien vale la pena el esfuerzo.

El rol de la tecnología

La tecnología tiene la habilidad de apoyar y mejorar el pensamiento disruptivo en el aula. Cuando implementas una herramienta digital o iniciativa, es imperante no permitir que el instrumento maneje la instrucción. Las lecciones, currículos, asesoramientos y escuelas jamás se deberían edificar alrededor de la tecnología. Todo lo que hacemos en la educación se debería edificar alrededor del aprendizaje. Así que, si el objetivo final es mejorar los resultados de nuestros estudiantes, entonces el papel de la tecnología debería ser apoyar y mejorar la enseñanza y el aprendizaje. Cuando se trata de la tecnología educacional, la pedagogía sólida parece a veces ser secundaria. Incluir la tecnología por el mero hecho de "utilizarla" como parte de una lección equivale a una oportunidad perdida. Si el objetivo es el aprendizaje profundo y significativo, debemos asegurarnos de que cualquier aspecto digital se alinee de consecuencia.

La mayoría de los estudiantes saben cómo utilizar la tecnología. Sin embargo, no podemos asumir que saben usarla para apoyar su aprendizaje. He aquí donde la atención a diseño didáctico sólido es necesario. La clave es determinar lo que deseamos que nuestros estudiantes sepan, y dejar que escojan cómo van a demostrar o aplicar lo que han aprendido usando el pensamiento disruptivo. No sólo le da autenticidad, pero también les quita el peso a los educadores de tener que aprender a usar un número infinito de herramientas.

Es crucial mantener el enfoque en el resultado, la edificación de un nuevo conocimiento que lleve hacia una aplicación auténtica o el desarrollo o mejoramiento de competencias esenciales. El asesoramiento y la retroalimentación también son cruciales. El aprendizaje digital representa una enorme inversión de tiempo, dinero y otros recursos. Con tanto en juego, el objetivo debe ser poner una herramienta de aprendizaje poderosa en las manos de nuestros estudiantes – no un chupete digital. El uso intencionado de un asesoramiento innovador puede transformar los marcos de tiempo alrededor del aprendizaje, aumentar la colaboración, permitir el acceso a información en todo momento, y proporcionar un nivel de posesión de propiedad estudiantil como nunca se ha visto. Estos todos son resultados que cualquier educador abrazaría (o debería abrazar) inmediatamente.

Aumentar los compromisos es una motivación típica para el uso de la tecnología en el aula, pero si ese compromiso no nos conduce hacia evidencia de aprendizaje, entonces ¿cuál es el punto?

Utilizándola simplemente para tener acceso a "cosas" tampoco es un uso sensato. Como educadores, es importante tener una intención cuando se trata del aprendizaje digital. Si la norma es integración a un nivel superficial que le pide a los estudiantes demostrar su conocimiento y comprensión, los aspectos más beneficioso del aprendizaje digital se pierden.

La cuestión sobre el uso efectivo nos da una gran oportunidad para que todos reflexionemos críticamente el actual papel que la tecnología juega en nuestra educación. Hay gran potencial en el gran número de herramientas hoy disponible, pero debemos ser conscientes de cómo se están usando. Toma *Kahoot* por ejemplo, o cualquier herramienta basada en juegos. Esto se usa en muchos salones de clase para llamarle la atención a los estudiantes y añadir un nivel de diversión y entusiasmo al proceso educacional. Sin embargo, casi todo el tiempo la pregunta que le hacen a los estudiantes en una actividad en *Kahoot* se enfoca en el dominio cognitivo más bajo y en su mayoría opciones-múltiples. No tengo nada en contra de *Kahoot* y creo que es una gran herramienta que tiene una gran promesa. Mi problema es cómo se utiliza esta herramienta, y muchas otras, en el aula.

La carga de la responsabilidad aquí está dentro de todos nosotros. En muchos casos, el factor comprometedor se enfatiza sobre los resultados de aprendizaje y evidencia actual de mejoramiento alineado al estándar. No es necesario decir que la tecnología efectiva se integra de forma instructiva y brinda retroalimentación a nivel del pensamiento disruptivo como demostrado por los estudiantes. Ten cuidado de poner el carro antes del caballo cuando estas adquiriendo tecnología y el añadirla a las lecciones toma precedencia sobre mejorar el diseño educativo. En todo caso, para que la tecnología viva a las altas expectativas que se han establecido, debemos examinar a fondo la pedagogía. La imagen de abajo nos da un gran punto de referencia para asegurarnos que nuestros estudiantes estén empoderados para pensar disruptivamente.

El objetivo general la de la integración de la tecnología debe ser proporcionar nuevas y mejores oportunidades para que los estudiantes trabajen y piensen. Aquí hay una gran pregunta orientadora: ¿Cómo se empodera a los estudiantes para aprender con la tecnología de maneras que podrían aprender sin ella? ¿Se trata realmente de cómo los estudiantes usan herramientas para crear artefactos de aprendizaje que demuestran la disrupción? ¿Cómo se verá eso?, preguntas. Dales a los niños problemas difíciles de resolver que tienen más que una solución correcta y déjalos usar la tecnología para mostrar que lo comprenden. Mientras lo hacen, permíteles escoger la herramienta correcta para la tarea en cuestión.

El aprendizaje es más duradero cuando los estudiantes están cognitivamente comprometidos al proceso de aprendizaje. Retención a largo plazo, comprensión y transferencia son el resultado del trabajo mental de parte de los aprendices que se dedican a la creación activa de sentido y construcción del conocimiento. Por consiguiente, los ambientes de aprendizaje son más efectivos cuando provocan un proceso cognitivo con el esfuerzo de los estudiantes, que los guía en crear relaciones significantes entre ideas en vez de una grabación pasiva de información (deWinstanley & Bljork, 2002; Clark & Mayer, 2008; Mayer, 2011). Los investigadores han encontrado que el más alto logro y compromiso del estudiante está asociado con los métodos de instrucción que involucran las técnicas del aprendizaje activo. (Freeman et al., 2004 y McDermott et al., 2014). Cuando vemos las investigaciones, la conclusión principal es que el éxito en el aprendizaje de los estudiantes depende muchísimo más en *lo que los instructores hacen* que en *lo que piden que sus estudiantes hagan* (Halpern & Hakel, 2003).

Otra estrategia para la integración exitosa es usar la tecnología solamente cuando es necesario. La tecnología no mejorara toda lección o proyecto, así que enfoca en la pedagogía primero, en la tecnología después – si es apropiado – es la dirección que debemos tomar. Veamos un ejemplo en una discusión digital.

No era un estudiante demasiado confiado a la hora de entablar conversaciones abiertas durante la clase. Si uno de mis profesores posteaba una pregunta en el tablero, no alzaba la mano a menos que estuviera 99.9% seguro que sabía la respuesta correcta. Me imagino que se pude anotar esto al hecho que me faltaba cierto grado de confianza en mi adquisición de conocimientos o el hecho que era un estudiante relativamente tímido cuando se trataba de mi participación en la clase. Talvez era una combinación de ambas cosas. Había otros problemas en juego que impactaron mi nivel de participación. No sólo era adverso a responder preguntas, pero pocas veces le dirigí una a cualquiera de mis maestros aparte de las conversaciones de cara a cara. Las discusiones con mis colegas estaban limitadas a las pocas ocasiones cuando se planificaba una actividad de aprendizaje cooperativo. Tal era la vida en un salón de clase en aquellos días.

A menudo reflexiono sobre cuál hubiera sido mi experiencia de aprendizaje si mis profesores me tuviesen acceso a la gran cantidad de herramientas interactivas disponibles hoy día para mejorar la discusión en las clases. En cada taller que facilito, tengo participantes de colegas y grupos seleccionados al azar que se involucran en conversaciones de cara a cara en una gran cantidad de temas de las preguntas. Es durante estos momentos que pueden compartir sus ideas sobre el tópico, discutir estrategias de implementación, reflejar sobre lo que los otras han dicho o proporcionar refuerzos positivos. Siempre me siento inspirado cuando escucho a escondidas estas conversaciones. No hay un sustituto para la interacción humana real, ya que esta es la constructora de relaciones definitiva. Después de cierto tiempo, se les pide que compartan sus respuestas usando una de muchas herramientas digitales.

INSTRUCCIÓN QUE FUNCIONA

Uso tecnológico por cuadrante

TAXONOMÍA DEL CONOCIMIENTO

D

VERBO
- Argumentar
- Concluir
- Crear
- Explorar
- Inventar
- Modificar
- Planificar
- Predecir
- Calificar

EJEMPLO
- Animando
- Reparto sonoro
- Comentando en Blog
- Radio fusión
- Colaborando
- Componiendo
- Narrativa digital
- Dirigiendo
- Batiburrillo/remezclando
- Modificando/modificando juegos
- Conexión de redes
- Bloqueando fotografías y videos
- Emisión de podcasts
- Revisando

B

VERBOS
- Juzgar
- Cotejar
- Comentar
- Clasificar
- Juzgar
- Interpretar
- Entrevista
- Secuencia
- Resumir

EJEMPLOS
- Búsqueda avanzada
- Anotando
- Blog
- Documentos Google
- Pizarra informática
- Operando/produciendo un programa
- Pairear – medio social
- Reaudiendo, comentando
- Comparando
- Los favoritos sociales
- Subscribiendo a la fuente RSS
- Estudiando
- Tanteando
- Sabiendo
- Autoría en la red

C

VERBOS
- Analizar
- Clasificar
- Diagramar
- Evaluar
- Examinar
- Explicar
- Inferir
- Juzgar
- Investigar
- Resumir

EJEMPLOS
- Hiperenlace
- Recorte de malicia, recortando
- Monitoreando
- Fotos/videos
- Programando
- Ingeniería inversa
- Fallo de software
- Probando
- Validando recursos
- Editando videos

A

VERBOS
- Define
- Identifica
- Etiquetar
- Listar
- Localizar
- Memorizar
- Nombrar
- Reciar
- Registrar
- Seleccionar

EJEMPLOS
- Viñetas y listas
- Creando y nombrando productos
- Editando
- Subrayando y seleccionando
- Búsqueda en Internet
- Cargando
- Tipear
- Usando un ratón
- Documento en Word

MODELO DE APLICACIÓN

1	2	3	4	5
CONOCIMIENTO EN UNA DICIPLINA	APLICAR EN UNA DICIPLINA	APLICAR A TRAVÉS DE MÚLTIPLES DICIPLINAS	APLICACIÓN A SITUACIONES PREDECIBLES DEL MUNDO REAL	APLICAR A SITUACIONES IMPREVISTAS DEL MUNDO REAL

6 **CREANDO**
¿Puede el estudiante crear un nuevos productos o puntos de vista?

5 **EVALUANDO**
¿Puede el estudiante justificar su posición o decisión?

4 **ANALIZANDO**
¿Puede el estudiante distinguir entre las diferentes partes?

3 **APLICANDO**
¿Puede el estudiante usar la información de una manera nueva?

2 **COMPRENDIENTO**
¿Puede el estudiante explicar las ideas o conceptos?

1 **RECORDANDO**
¿Puede el estudiante recordar la información?

Déjame retroceder unos pasos para compartir ciertas percepciones en por que las discusiones en las aulas son tan significantes. Todd Finley (2013) compartió lo siguiente:

Discusiones de calidad incluyen preguntas con algún propósito preparadas de antemano, asesorías, y puntos de partida para más conversaciones. A los maestros también se les aconseja:

- *Distribuir las oportunidades de conversar*
- *Permitir a los discutidores verse físicamente*
- *Hacer preguntas que pueden tener una respuesta correcta, o una respuesta que no se conoce, o hasta ninguna respuesta correcta*
- *Fomentar que los estudiantes hablen con sus compañeros*
- *Alentar a los estudiantes que justifiquen sus respuestas*
- *Variar los tipos de preguntas (¶3)*

Investigaciones apoyan la importancia de discusiones cuanto están apoyadas por el uso útil de la tecnología. Smith et al. (2009) descubrió lo siguiente: cuando los estudiantes responden una pregunta conceptual en clase individualmente usando el control, discútelo con sus vecinos, y después vuelve a votar sobre la misma pregunta, el porcentaje de respuestas correctas normalmente aumenta. Nuestros resultados indican que las discusiones entre colegas mejoran el conocimiento, aun cuando ninguno de los estudiantes en el grupo de discusión al principio no sabe la respuesta correcta.

INSTRUCCIÓN QUE FUNCIONA

Pautas de discusión en la clase

Responsible a la comunidad de aprendizaje	**Escuchar**: Preste atención a las declaraciones de los demás	**Resumir**: Reafirme las ideas de un orador anterior en un nuevo idioma	**Construir**: Añádase a la declaración de un orador anterior	**Marcar**: Dirija la atención a la importancia de la declaración de otra persona
Responsible ante el conocimiento	**Verificar**: Compruebe su comprensión de las afirmaciones anteriores	**Desempacar**: Explique cómo llegó a su respuesta	**Apoyar**: Dé ejemplos y evidencia para respaldar su respuesta	**Enlacar**: Señale la relación entre las declaraciones previas & el conocimiento
Responsible de un pensamiento riguroso	**Defender**: Defienda su razonamiento contra un punto de vista diferente	**Desafiar**: Pida a un orador anterior que explique y proporciones evidencia para una declaración	**Combinar**: Incorpore conocimientos de multiples recursos para dar forma a sus ideas	**Predecir**: Saque conclusiones sobre lo que podría suceder a continuación o como resultado de ideas

Creado por Angela Cunningham, Bulitt Central High School Sheperdsville, KY 40165
Reimpreso con permiso. Todos los derechos reservados.

Creado por Angela Cunningham, Bulitt Central High School Sheperdsville , KY 40165
Reimpreso con permiso. Todos los derechos reservados.

EL PENSAMIENTO DISRUPTIVO EN NUESTRAS AULAS

La imagen en la página 54 no da unas estrategias que se pueden usar: Como un suplemento a las estrategias de discusiones tradicionales, la tecnología puede servir como un catalizador para aumentar la participación al lograr que más estudiantes se involucren activamente durante las lecciones. También puede elevar las conversaciones a un nuevo nivel de interactividad y expresión. Hay muchas herramientas geniales que se pueden escoger, pero primero debemos enfocarnos en los mejores resultados que sus usos con propósito nos pueden dar. Discusiones digitales:

- Permite creatividad en la respuestas (video, investigaciones en línea, citaciones)
- Provee una avenida para le reflexión abierta
- Les da a los estudiantes la oportunidad de responder y hacer preguntas
- Satisface mejor las necesidades de estudiantes tímidos e introvertidos
- Les da la bienvenida a aquellos más allá del aula de ladrillo y mortero
- Se puede utilizar para mostrarle a los padres y accionistas que aprendizaje está ocurriendo
- Trabaja para crear una cultura basada en confianza y responsabilidad

No hay reemplazo para la enseñanza genial. La pedagogía sana siempre estará en el corazón del desarrollo de la habilidad de los estudiantes volverse pensantes disruptivos. Sin embargo, la tecnología si ofrece opciones fascinantes que los maestros pueden y deben utilizar para mejorar el aprendizaje de los estudiantes. La mayor consideración en cuanto a cómo utilizarla es cómo mejorará fundamentalmente lo que se ha hecho en el pasado. Si esto se puede demostrar, entonces nuestras posibilidades son infinitas.

El pensamiento diseñado intencionalmente

Nadie puede negar el hecho de que estamos viendo unos cambios muy emocionantes en la enseñanza, aprendizaje y liderazgo en muchas escuelas. Avances en la investigación, ciencia del cerebro y en la tecnología está abriendo nuevas y mejores puertas para llegarle a los estudiantes como nunca se ha hecho. La evidencia apoya el hecho de que en algunos casos esta emoción nos está llevando hacia cambios para mejora. En otros casos, el dinero se está arrojando en las últimas herramientas, programas, ideas o desarrollos profesionales sin asegurar, para empezar, que el diseño estructural está al nivel adecuado. Déjame repetirlo: La pedagogía le gana a la tecnología. También va sin decir que una base pedagógica solida debe estar en su lugar antes de implementar una "innovación".

Empecemos examinando la práctica con un lente general. Para transformar el aprendizaje también tenemos que transformar la enseñanza. Cuando vemos la imagen abajo ¿dónde cae la práctica actual de tu escuela? ¿Qué cambios inmediatos se pueden hacer para mejorar el aprendizaje hoy día para el mañana de tus estudiantes?

Transformando la enseñanza

Enfoque tradicional AGENCIA BAJA		Enfoque transformado AGENCIA ALTA
"Dar" las Instrucciones	→	"Facilitar" el aprendizaje
Centrado en el maestro	→	Centrado en el estudiante
Aprendizaje en el aula	→	Aprendizaje donde sea, cuando sea
Enfoque estandarizado	→	Personificado, diferenciado
Aprender para hacer	→	Hacer para aprender
Enfocado en el contenido	→	Enfocado en la aplicación
Buscando la respuesta correcta	→	Desarrollar el pensamiento
Enseñando el currículo segmentado	→	Integrando el currículo
Consumo pasivo	→	Oportunidades de aprendizaje activo

Ahora cambiemos nuestro enfoque de los específicos elementos de la instrucción. Es importante aplicar un lente critico a nuestro trabajo para asegurar la eficacia si nuestra meta es mejorar el aprendizaje. Con lo que se está diciendo, nos corresponde a todos asegurar que se están haciendo cambios a los diseños de instrucción que terminen con mejores resultados. Por eso el Retorno de la instrucción/*Return on Instruction* (ROI)[6] es tan importante, con o sin el uso de la tecnología. Es importante que los educadores entienden por qué este concepto es importante. Cuando invertimos en programas tecnológicos, el desarrollo profesional, e idead innovativas tiene que haber un Retorno de inversión (ROI) que resulte en mostrar evidencia de una mejora en el aprendizaje del estudiante (Sheninger & Murray, 2017).

La clave en preparar la educación para el futuro es hacer que los niños piensen de manera disruptiva. "Fácil" no siempre se traduce en enseñanza. Retar a los estudiantes mediante el solucionar problemas complejos y actividades que involucran el pensamiento crítico es extremadamente importante, pero también se les debe dar oportunidades para que apliquen su conocimiento de maneras auténticas. Este no tiene que ser un proceso arduo que toma mucho tiempo. A continuación, hay cinco áreas que debes considerar cuando implementas cualquier herramienta digital o idea innovativa para determinar si las mejoras de la pedagogía están cambiando. Cada área esta seguida por una o dos preguntas como medio para ayudar que auto- estimes dónde estás y si se pueden hacer mejoras.

- *El nivel de interrogación:* ¿Se le están haciendo preguntas a los estudiantes de los más altos niveles de la taxonomía del conocimiento? ¿Tienen los estudiantes la oportunidad de desarrollar y después responder sus propias preguntas de orden más alto?
- *Contexto autentico/o interdisciplinario:* ¿Existe una conexión para ayudar a los estudiantes ver por qué este aprendizaje es importante y cómo se puede utilizar afuera de la escuela?
- *Tareas de desempeño rigurosas:* ¿Se les brinda la oportunidad a los estudiantes aplicar activamente lo que han aprendido y crear

un producto o demonstrar su dominio conceptual alineado con los estándares?
- *Asesoramiento innovativo:* ¿Están cambiando las prácticas de asesoría para proveer información crítica sobre lo que los estudiantes saben o no saben? Se están implementado formas alternas de asesoramiento tales como portfolios para ilustrar el crecimiento a través del tiempo.
- *Mejor retroalimentación:* ¿Es la retroalimentación oportuna, alineada a los estándares, especifica, y brinda los detalles sobre los avances hacia una meta de aprendizaje?

Mejorar los fines del aprendizaje depende en alinear la instrucción a una investigación sólida, asegurando que cambios pedagógicos están ocurriendo, haciéndonos (y a otros) responsables por el crecimiento y exhibiendo evidencia de nuestra mejora. Al evaluar nuestra práctica podemos determinar dónde estamos, pero aún más importante dónde queremos y necesitamos estar para nuestros estudiantes.

DESAFÍO DISRUPTIVO #3

Grábate en video (o un colega dispuesto) dando una lección para revisar lo que se enseñó y – más importante – lo que se aprendió. Pídeles a otros que vean el video y te den retroalimentación. Usando la imagen de *Transformando la enseñanza* en este capítulo como guía, trata de identificar áreas de poca práctica de agencia que tu sientes que se pueden mover más alto. Desarrolla pasos específicos que te permitan una consistente integración a la práctica. Comparte estas reflexiones en los medios sociales usando #DisruptiveThink hashtag.

CAPÍTULO 4

El aprendizaje pegajoso

"No puedo enseñarle a nadie nada, solamente puedo hacerlos pensar."
SOCRATES

Mucho ha cambiado desde que cambié mi propia manera de pensar sobre el aprendizaje en el 2009. Para empezar, mi primer dispositivo para conectar en *Twitter* era un Blackberry. No tuve una página en Facebook hasta un año después. Además, mis puntos de vista en cuanto a la educación, enseñanza, aprendizaje y el liderazgo estaban comenzando a evolucionar de maneras que eventualmente ayudarían nuestra escuela experimentar el éxito y ser reconocida en muchas áreas mientras también empujando mi práctica profesional a una dimensión totalmente nueva. Mientras mi manera de pensar cambiaba, también cambió mi punto de vista en cuanto como la educación tenía que cambiar para preparar a los estudiantes mejor para sobresalir en un mundo disruptivo.

Los que los aprendices realmente necesitan

En cuanto a la educación, ahora veo a través de dos lentes distintos. De un lado, está mi lente profesional mientras trabajo con las escuelas, distritos y organizaciones a través del mundo. Viendo el ritmo rápido del cambio debido en gran parte a los avances tecnológicos, las investigaciones del pasado y el presente sobre lo que actualmente funciona, y la evidencia del impacto que la innovación de propósito puede tener en el resultado del aprendizaje, podemos adquirir percepciones valiosas sobre lo que los aprendices realmente necesitan. Y luego está mi lente de padre. Aquí es donde trato de ver el mundo a través de los ojos de mis dos hijos. Es imposible predecir qué tipo de carrera perseguirán en este momento, y por eso es necesario que su educación les ayude desarrollar las competencias críticas necesarias para su éxito en un futuro tan incierto de muchas maneras.

La discusión y el debate sobre las habilidades en el Siglo XXI se han librado incluso antes del comienzo de este siglo. Las conversaciones posteriores nos han dado la oportunidad de hacer una evaluación crítica sobre lo que los estudiantes necesitan saber y poder hacer para lograr un éxito en este nuevo mundo laboral. Mientras hemos avanzado en este siglo el número "21" significa menos, pero las habilidades aún son importantes. Por eso, muchos educadores ahora simplemente se refieren a ellos como "habilidades esenciales." A través del tiempo han evolucionado más allá de la comunicación, colaboración, creatividad y el pensamiento crítico y ahora incluyen la conciencia global, el espíritu empresarial y la competencia técnica emergente.

Un día estaba conversando con Rose Esse-Mitchell, mi jefa en ese momento, que me empujó el pensamiento en esta área. Planteé la noción sobre lo que se necesitaba ahora para tener éxito en el futuro, discutiendo las habilidades que los estudiantes necesitaban para ser aprendices exitosos en el Siglo XXI y más allá. después de ver lo que había anotado en mi lista y escuchado mi análisis, me comentó que yo estaba (o debería estar) referenciando y explicando competencias, no solamente las habilidades que los estudiantes necesitarían.

Reflejando sobre su retroalimentación, comencé a profundizar sobre la diferencia entre competencias y habilidades y también en sus implicaciones en cuanto al aprendizaje. Veamos un ejemplo. La mayoría estaría de acuerdo que los estudiantes deberían tener las siguientes habilidades digitales ahora y en el futuro:

- Identidad digital
- Derechos digitales
- El uso digital
- La seguridad digital
- El conocimiento práctico digital
- Comunicaciones digitales
- Social e inteligencia emocional digital
- Seguridad digital

Mientras la sociedad depende más en la tecnología, debemos equipar nuestros niños con todas las susodichas habilidades. ¿Pero, es eso suficiente? Ahora saquemos "digital" fuera de la escena y preguntémonos: ¿Tener "habilidades" en cualquier cosa es suficiente? Como educadores debemos cambiar nuestro pensamiento de manera que se alineé con un entorno más amplio. Para lograr esto, tenemos que enfocarnos más en cómo podemos empezar a abordarlas como competencias para preparar a nuestros estudiantes lograr éxito en un mundo disruptivo.

Mientras las habilidades son una parte importante del aprendizaje y caminos hacia una carrera, no son lo suficiente ricos o matizados para guiar a los estudiantes hacia el dominio real y el éxito duradero. Las habilidades se enfocan en el "¿qué?" en términos de lo que el estudiante necesita para realizar una tarea o actividad específica. No tienen la suficiente conexión con el "¿cómo?" Las competencias llevan esto al próximo nivel al traducir las habilidades a *comportamientos* que demuestran lo que se ha aprendido y dominado de una manera competente. En breve, las habilidades identifican el objetivo a cumplir.

Las competencias delinean "cómo" los objetivos se cumplirán. Son más detalladas y definen los requisitos para el éxito en términos más amplios e inclusivos que las habilidades. También existe un mayor nivel de profundidad dentro de las competencias que abarca las habilidades, el conocimiento y los talentos. Para tener éxito en el nuevo mundo del trabajo, los estudiantes aun necesitarán demostrar una mezcla correcta de habilidades, conocimiento y agilidad en el trabajo. Una habilidad es una demostración práctica o cognitiva de lo que un estudiante es capaz. La competencia es el uso comprobado de las habilidades, el conocimiento y el talento para demostrar el dominio del aprendizaje a través de la solución de problemas.

Veamos otro ejemplo para ser más claros. Una persona se puede convertir en un presentador efectivo por medio de la práctica, aprendiendo de otros y estudiando recursos, pero para ser un comunicador dinámico uno tiene que contar con una combinación de habilidades ADEMÁS del comportamiento y conocimiento. Un comunicador dinámico posee habilidades avanzadas del lenguaje, conocimiento de diversas culturas y se comporta con paciencia cuando se está comunicando. En breve, las habilidades son actividades específicas aprendidas como trapear el piso, usar la computadora y almacenar mercadería, mientras las competencias son habilidades + conocimiento + comportamientos incluyendo el resolver problemas, la comunicación y el profesionalismo.

El éxito en el futuro se basará en mucho más que tener habilidades aisladas. Es hora de que cambiemos nuestro enfoque y energía hacia desarrollar y evaluar las competencias básicas e innovadoras que les van a servir a los estudiantes por toda la vida.

Debemos enfocarnos en la pedagogía sólida mientras creamos una cultura que realmente prepara a los aprendices con las cualidades que necesitan ahora y en el futuro. Aquí es donde nuestros estudiantes tienen la competencia para pensar de maneras complejas mientras tienen la habilidad de aplicar su conocimiento verazmente. Aun cuando se enfrentan con incógnitas desconcertantes, pueden aprovechar su conocimiento y su pericia para crear soluciones y tomar las acciones necesarias para triunfar en este mundo que cambia rápidamente. Lo que necesitan los estudiantes son competencias en las áreas de la creatividad, reflexión, trabajo en conjunto, participación activa, manejo del tiempo y consultas:

Pensadores creativos generan y exploran ideas y hacen conexiones originales. Tratan diferentes maneras de enfrentar problemas, trabajando con otros para encontrar soluciones imaginativas y que tienen valor.

Pensadores reflexivos evalúan sus fortalezas y limitaciones, estableciendo objetivos reales con ciertos criterios para el éxito. Monitorean sus acciones y progreso, invitando la retroalimentación de otros y haciendo cambios para mejorar su aprendizaje.

Trabajadores colaboradores se involucran con otros adaptándose a diferentes contextos y tomando responsabilidad por su propio papel en el equipo. Escuchan y toman en cuenta diferentes perspectivas. Forman relaciones de colaboración resolviendo problemas para llegar a resultados acordados.

Participantes activos enseguida exploran asuntos que los afectan y aquellos que los rodean. Participan en la vida de sus escuelas, colegios, lugar de trabajo o una comunidad más amplia tomando acciones responsables para mejorar tanto a otros y a sí mismos.

Autogestores se organizan ellos mismos mostrando responsabilidad personal, iniciativa, creatividad y emprendimiento con un compromiso con el aprendizaje y la superación personal. Ellos participan activamente en cambios, responden positivamente a nuevas prioridades, les hacen frente a los desafíos y buscan oportunidades para crecer.

Investigadores autónomos procesan y evalúan la información en sus investigaciones, planificando lo qué hacer y cómo hacerlo. Toman decisiones informadas y bien razonadas, mientras reconocen que otros pueden tener diferentes creencias y actitudes.

Como alguien que ha hecho la transición del sector público a uno privado, les puedo decir sin duda que las calidades y los resultados listados arriba son críticos en mi papel. Podemos presentar un caso sólido que nuestros aprendices se beneficiarían mucho si se enfatizaran en el currículo. Nuestros aprendices están confiando que nosotros le proporcionaremos una educación que resista la prueba del tiempo.

Piensa donde te encuentras en relación con estas competencias, pero más importante donde quieres estar. ¿Cómo el aprendizaje en tu salón de clase o distrito les ayuda convertirse en pensadores creativos, aprendices reflectivos, trabajadores colaboradores, participantes activos, autogestores e investigadores autónomos? ¿Dónde existe una oportunidad para crecer?

También es importante recordar cómo estas cualidades y resultados son tal vitales tanto para ti como para los estudiantes que sirves. Mientras reflexionas, piensa como puedes crecer en estas áreas para tu beneficio profesional y personal.

Calibrando el pensamiento

Hay muy diversas ideas sobre lo que constituye un aprendizaje genuino. De estas conversaciones, los educadores forman sus propias perspectivas y opiniones que se alinean mejor con la visión, misión y objetivos en su aula, escuela y distrito. Sin embargo, un consenso es crítico si el objetivo es un cambio escalable que resulte en la mejora del aprendizaje para los estudiantes. La investigación y evidencia deben jugar un papel importante en lo que la educación puede y debe ser así como si actualmente lo está siendo. Una visión en común, lenguaje compartido y expectativas claras contribuyen en gran medida a la creación de un entorno de aprendizaje vibrante. Cuando se trata del aprendizaje considera dos importante preguntas críticas:

1. ¿Están los estudiantes pensando en niveles cada vez más altos de la taxonomía del conocimiento?
2. ¿Cómo están los estudiantes aplicando su pensamiento en maneras relevantes?

EL APRENDIZAJE PEGAJOSO

Un enfoque en el pensamiento disruptivo brinda una manera práctica para determinar las respuestas a estas dos preguntas observando al nivel de preguntas y las tareas en que los niños están involucrados. Considera esto una prueba de fuego. ¿En dónde cae la instrucción (lo que hace el maestro) y el aprendizaje (lo que hace el estudiante) en cuanto a las actividades en clase? La instrucción buena puede, y debe, guiar hacia el aprendizaje empoderado con movimiento a lo largo de los continuos de pensamiento y aplicación. Cuando añadimos la tecnología a la mezcla, se debe usar por el aprendiz con el propósito buscar maneras de abordar las dos preguntas expuestas arriba.

No puedo reiterar lo importante que es hacer que los niños piensen de maneras disruptivas. Hoy día el mundo está bajo la influencia de la robótica avanzada y el transporte autónomo, la inteligencia artificial y aprendizaje por máquina, las materias avanzadas, la biotecnología y la genómica. Estos avances siguen transformando la manera en que vivimos y laboramos. Algunos empleos desaparecen, mientras se crean nuevos empleos. Entonces, hay aquellos que ni siquiera existen hoy día pero que eventualmente serán común y corriente. Lo cierto es que la futura fuerza laboral tendrá que alinear su mentalidad y su conjunta habilidades para mantener el ritmo de las demandas cambiantes. La lección aprendida es tan simple como profunda. No prepares a tus estudiantes para una cosa. Prepáralos para cualquier cosa.

> **No prepares a los estudiantes para una cosa. Prepararlos para cualquier cosa.**

Para lograr esto, nos debemos enfocar en la flexibilidad cognitiva, la habilidad de cambiar nuestros pensamientos y adaptar nuestro comportamiento a un entorno cambiante. En otras palabras, nuestra habilidad de desconectarnos de una tarea previa y responder efectivamente a una tarea nueva. Esta es una facultad que la mayoría tomamos como un hecho, pero aun es una competencia necesaria para navegar la vida. Otra forma de verlo es "desarrollando la manera de reestructurar espontáneamente nuestro conocimiento de muchas formas en una respuesta adaptiva a las demandas de situaciones cambiando" (Spiro & Jehn 1990, pág. 65).

En mi mente, la flexibilidad cognitiva puede ser la más importante competencia que los educadores pueden ayudar a los estudiantes desarrollar, porque incorpora tantas otras cosa de una forma u otra. A continuación, hay algunas ideas y estrategias para ayudar a los estudiantes desarrollar este importante elemento:

1. Diseña actividades de aprendizaje que apoyan el pensamiento divergente donde los estudiantes demuestran su comprensión de maneras creativas y no convencionales.
2. Empodera a los estudiantes identificar un problema y después buscar una solución viable.
3. Permite a los estudiantes explorar un tema de interés que muestra lo que han aprendido por medio de evaluaciones no tradicionales.
4. Implementa oportunidades de aprendizaje personalizado donde los estudiantes puedan pensar críticamente, explorar abiertamente y perseguir áreas de gran interés, usando sus propias ideas innovadoras para aprender de unas maneras poderosas.
5. Comprometer a tus estudiantes a una aplicación en el mundo real en unas situaciones no anticipadas donde aplican su conocimiento de cómo enfrentar problemas que tienen más que una solución.
6. Abrir caminos a los estudiantes para transferir conocimiento a nuevos contextos.

Cmo preparamos a nuestros aprendices para el nuevo mundo laboral debe convertirse en un problema de práctica en toda escuela. La clave para preparar el futuro de la educación es forzando a los niños pensar involucrándolos en tareas que desarrollan su flexibilidad cognitiva.

Propiedad a través de la indagación

Cuando era niño, estaba enamorado de la Naturaleza. Mi hermano mellizo y yo siempre estábamos observando y coleccionando cualquier y todo tipo de creaturas que cayeran en nuestras manos. Creciendo en un área rural en el noroeste de Nueva Jersey era muy fácil buscar y encontrar diferentes plantas y animales todos los días. Nos pasábamos innumerables horas vagando por el bosque, campos de maíz, estanques y corrientes en nuestra búsqueda por estudiar la mayor cantidad de vida silvestre posible. No me extraña que me convertí en un maestro de ciencia ya que el entorno que me rodeaba tuvo un gran papel en mi eventual decisión de entrar al campo de la educación

Hasta este día, aun no puedo creer que mi madre toleraba que trajéramos una gran variedad de animales dentro de la casa. Por años, mi hermano y yo estábamos interesados particularmente en las orugas. Usábamos enciclopedia y guías de campo para identificar ciertas especies que eran autóctonas de nuestra zona. A través de nuestras investigaciones, determinamos lo que comía cada oruga y después rastreábamos árboles, arbustos y otras plantas en nuestra búsqueda para coleccionar, observar, y comparar la diferencias entre las especies. Y hasta llevábamos diarios con notas y bocetos. Cuando lográbamos localizar estos insectos, los recogíamos en frascos. Nuestras investigaciones aseguraban que cada especie comiera el tipo correcto de comida y los requerimientos físicos para hacer una crisálida (mariposas) o un capullo (polillas).

En el caso de las polillas, algunas estaban en sus capullos por meses. Por eso, mi hermano y yo guardábamos los frascos debajo de nuestras camas. A veces se nos olvidaba que teníamos estas creaturas vivas debajo de nuestras camas hasta que era de noche y las oíamos batiendo sus alas y moviéndose dentro de los frascos al salir de sus capullos. Sólo puedo imaginar lo que mis padres pensaban de todo esto, pero estoy agradecido que apoyaron nuestras investigaciones de tantas maneras, desde tener enciclopedias para nuestras investigaciones hasta darnos la autonomía de tener control sobre nuestro deseo intrínseco de aprender. Nuestras observaciones nos llevaron a hacer preguntas y juntos, mi hermano y yo, trabajamos para encontrar las respuestas. Aunque no siempre teníamos éxito en este empeño, el viaje valía la pena. Pregunta tras pregunta guiaba el proceso inquisitivo para ambos y de ahí aprovechábamos los recursos viables y sintetizábamos lo que habíamos aprendido.

El susodicho cuento es un ejemplo de cómo mi hermano y yo comenzamos un proceso informal de aprendizaje impulsado por la investigación. Éramos dueños del proceso desde el comienza al final y nuestros padres ejercían como facilitadores indirectos con apoyo y ánimo. Tanto las investigaciones como apropiarse del aprendizaje no son conceptos nuevos, aunque son arrojados sin distinción, especialmente "propiedad." Deborah Voltz y Margaret Damiano-Lantz dan esta descripción:

Tomar posesión del aprendizaje se refiere al desarrollo de un sentido de conexión activa, participación activa e inversión personal en el proceso de aprendizaje. Esto es importante a todo aprendiz porque facilita la comprensión y retención y motiva el deseo de aprender. (1993, pág. 19)

Después de leer esta descripción, no puedo más que ver cómo se alinea con el cuento compartido arriba. Aprendimos no porque *teníamos* que aprender, sino porque *queríamos* aprender. Este es un problema potencial en las escuelas. ¿Los niños están aprendiendo porque están intrínsicamente motivados o porque se les obliga a aprender en un sistema que alienta el cumplimiento y conformidad? Lo anterior resulta cuando los niños tienen un sentido real de propiedad. Existen muchas manera de empoderar a los niños para que se apropien de su aprendizaje. Muchas veces nos dicen que la tecnología puede ser tal catalizador. En muchos casos esto es verdad, pero propiedad puede ser el resultado de las condiciones establecidas en las cuales los estudiantes investigan debido a sus propias observaciones y preguntas. Educación WNET[7] lo describe a continuación:

EL APRENDIZAJE PEGAJOSO

"La indagación" se define como " la búsqueda de la verdad, información o conocimiento – buscando información mediante preguntas." Los individuos continúan el proceso de investigar desde el momento que nacen hasta que mueren. A través del proceso de indagación, individuos construyen mucho del conocimiento del mundo natural y el diseñado por humanos. La indagación implica la premisa de "necesita o desea saber." La indagación no es tanto una búsqueda de una respuesta correcta – porque frecuentemente no hay una – sino buscar las resoluciones apropiadas a las preguntas y problemas. (2004, pág. 2)

La primera frase se relaciona directamente con el concepto de propiedad, pero también vemos la importancia de la indagación. Por esto es por lo que empoderar a los estudiantes que desarrollen sus propias preguntas, y después utilizar una gama de recursos para procesar y compartir nuevos conocimientos o demostrar la comprensión de conceptos que son críticos si el propósito es adueñarse del aprendizaje. La indagación apoya y motiva el pensamiento mientras la memorización no lo hace. Eventualmente, la memorización se puede meter en el camino del aprendizaje, pero aún esta práctica sigue en las escuelas.

Afortunadamente, la ciencia proporciona a las escuelas y educadores con múltiples oportunidades naturales para alejarse de la tarea aburrida y monótona de memorizar hechos e información y acercarse a un enfoque más constructivo asociado con el aprendizaje basado en la investigación. Siempre estuve asombrado con Tahreen Chowdhury, una maestra de la escuela secundaria en New Milford en Nuevo Jersey donde serví como director. Ella abrazó la investigación en su salón de clase como una forma de motivar a sus estudiantes que aprendieran lo más posible. Un día sus clases de química realizaron pruebas a varios productos de consumo. Mientras los estudiantes aprendían de ácidos y bases, crearon un simulacro cuya tarea era crear soluciones de diferentes pHs. También trabajaron con otro simulacro que demostraba ácidos y bases al nivel molecular.

Basado en lo que aprendieron de los dos simulacros y con la facilitación de la Sra. Chowdhury, los estudiantes discutieron un diseño para probar diferentes marcas de antiácidos. Sabían que necesitaban una muestra del ácido y un indicador del pH. Se les dio jugo de limón como ácido, y jugo de uvas como base, y probaron tres diferentes marcas de antiácidos (*Equate* regular, *Equate* fuerte, y *Rolaids*). Los estudiantes hipotetizaron que el jugo de uvas (indicador de pH) cambiaría de color cuando se le añadiera suficiente antiácido para neutralizar el ácido. Anotaron el número de gotas que se usaron de cada marca de antiácido y determinaron que *Rolaids* era el mejor entre las tres marcas basado en los resultados.

La Sra. Chowdhury cree que experimentos como este ayudan a los estudiantes contextualizar su aprendizaje a un nivel más práctico que simplemente memorizando la definición de ácidos y bases. Los estudiantes también disfrutaron muchísimo de las actividades prácticas. No importa el nivel de los cursos, hoy día a los estudiantes se les debe dar la oportunidad de pensar disruptivamente. Memorizar hechos no permite a los estudiantes realmente entender conceptos, y menos aplicarlos y demonstrar su dominio. La ciencia está inherentemente preparada para el aprendizaje basado en la investigación, pero los educadores pueden promover esta técnica pedagógica a través de todas las áreas de contenido.

Todo se trata de alzar la barra en cuanto a hacer que los niños piensen. Cuando las actividades se desarrollan apropiadamente, a los estudiantes se les da la oportunidad de construir nuevos conocimientos explorando, resolviendo problemas, desarrollando y después respondiendo sus propias preguntas, aplicando y por prueba y error. Estas técnicas normalmente hacen que los estudiantes se sientan incómodos al comienzo, porque nuestra cultura tradicional de educación los ha acondicionado a preferir recibir la información masticada en vez de tener que pensar por sí mismos. No sólo los estudiantes luchan contra estas técnicas al inicio, pero muchas veces, los padres también. Esto se debe al hecho que muchos padres quieren que a sus hijos se les enseñe de la misma manera como les enseñaron a ellos. He entablado muchas conversaciones con los padres a través de los años explicándoles como un proceso de aprendizaje basado en indagaciones preparará mejor a sus hijos para lograr el éxito en el futuro. Es una conversación que disfruto, los estudiantes mismos finalmente descubren el valor de esta manera de aprender sobre las técnicas tradicionales del aprendizaje que son pasivas por naturaleza y no requieren el pensamiento crítico.

La Sra. Chowdhury se convirtió en una gran maestra de física usando este enfoque por esta razón. La física se percibe a menudo como una materia divertida donde los estudiantes pueden hacer experimentos emocionantes. Según la filosofía de enseñanza de la Sra. Chowdhury, sus estudiantes no se involucraban en actividades divertidas simplemente para divertirse; deberían involucrarse en actividades divertidas en las cuales el aprendizaje era el objetivo principal. Cuando los estudiantes descubrieron que ella tenía unas pistolas Nerf[8] en el salón, querían jugar con ellas. Así que creo una asignación usando las pistolas Nerf que requería que los estudiantes aplicaran su

conocimiento de la energía para determinar la velocidad de la bala al salir de la pistola.

Les dio a sus estudiantes una vara de un metro, un transportador con un hilo atado en el medio, y una pistola Nerf con una "bala". La tarea del estudiante era diseñar cómo querían configurar y utilizar los materiales para poder calcular que tan alto llegaba la bala y de allí aplicar los conceptos de energía para calcular la velocidad. Cuando se trata de aprender, nunca debería haber una salida fácil. Hacer el proceso divertido y atractivo invocando la solución de problemas y la habilidades del pensamiento crítico epitomiza el tipo de aprendizaje que nuestros estudiantes necesitan y merecen.

Propiedad por investigación no es tan difícil como piensas si existe una visión, un lenguaje, y una expectativa común y un compromiso con la agencia del estudiante. Comienza simplemente con alzar el nivel de las preguntas como parte del sistema de investigación mientras empoderamos a los niños demostrar la comprensión alineada con contextos relevantes.

El poder del andamiaje [9]

A través de los años, he trabajado en muchas escuelas y distritos en el papel de entrenador. La mayor parte de este trabajo se enfoca em la pedagogía digital, y naturalmente, observo y recojo evidencia para tener un idea del nivel de educación y el aprendizaje que está ocurriendo. Para permitir que los educadores reflejen críticamente su práctica, tomo muchas fotografías de lo que veo, especialmente del tipo de actividades de aprendizaje en que los estudiantes están involucrados. Después de muchas visitas, todos nos interrogamos y discutimos las practicas efectivas que observamos, mientras también enfocando en las áreas que necesitan mejorar.

El mensaje que trato de comunicar es que la tecnología no se debería separar de un buen diseño de instrucción. Pero, en cambio, servir como una entidad ubicua que apoya o mejora el currículo, instrucción, y asesoramiento como es apropiado. Los cinco componentes principales de un diseño sólido de instrucción en que tiendo enfocarme durante las conversaciones indagatorias incluyen: un auténtico nivel de preguntas o contextos interdisciplinarios, tareas de desempeños rigurosos, asesoramientos innovadores y retroalimentación mejorada. De estos cinco componentes, las técnicas de interrogación son algo que los maestros y administradores pueden trabajar para mejorar en cada lección.

Esto es contra lo que lucho basado en lo que actualmente veo en práctica. En muchos casos el factor "wow" de la tecnología se coloca en frente de hacer que los niños piensen más profundo o que apliquen su conocimiento con autenticidad. Por ejemplo, herramientas como *Kahoot* y *Quizziz*. No hay problemas inherentes con las herramientas mismas; los educadores deben estar más conscientes de cómo se están utilizando. Muchas de estas herramientas añaden un factor divertido o competitivo al proceso de contestar preguntas de opción múltiples de bajo nivel. El conocimiento fundamental aún es importante. Sin embargo, si esta es la única manera que se están usando estas herramientas, entonces estamos perdiendo una gran oportunidad de retar a nuestros estudiantes a pensar más profundo sobre conceptos.

Mientras realizaba una visita de entrenamiento en una escuela primaria, vi a una maestra usando *Quizziz*. A primera vista, todo lo que vi era las respuestas de los estudiantes en una pizarra blanca interactiva/*Interactive White Board* (IWB) para comprobar la comprensión. Lo que vi después me hizo sonreír. Con los estudiantes sentados en el piso alrededor de la IWB la maestra estaba mostrando los resultados de *Quizziz* y después hizo que los estudiantes explicaran por qué respondieron de esa manera. Este es un ejemplo sencillo, pero fuerte del andamiaje y construyendo sobre el contenido. Como mencioné previamente, el conocimiento fundamental nos crea un puente hacia un nivel más alto de pensamiento y su aplicación. Cuando se usan tecnologías basadas en respuestas, la clave es asegurar que el nivel de las preguntas se enfoque en técnicas de andamiaje. Lo mismo se puede decir de cualquier tipo de actividad sin tecnología.

El andamiaje se refiere a una variedad de técnicas de instrucción que se utilizan para mover a los estudiantes a una comprensión más fuerte y, finalmente, más independencia en el proceso de aprendizaje. La indagación es una parte integral de este proceso. Históricamente, los maestros han hecho preguntas para chequear lo que se ha aprendido y comprendido para ayudar medir si tienen que revisar más a fondo el aprendizaje, o aumentar el reto, y asesorar si los estudiantes están listos para ir hacia adelante y aprender nueva información. Esto se puede estructurar simplemente como un enfoque "maestro vs. la clase" donde el maestro hace una pregunta y acepta la respuesta de un voluntario o escoge a un estudiante para que responda. Estos abordes son implícitos en la pedagogía, pero los maestros necesitan una gama de estrategias de preguntas "abiertas" para atender las necesidades educacionales y situaciones del estudiante. Los maestros deben hacer preguntas que lanzan efectivamente un desafío a su comprensión y dirigirse a estudiantes o grupos específicos en la clase.

La imagen en la página 66 ilustra cómo usar el andamiaje en el pensamiento disruptivo:

Examinando el diseño estructural, el mejoramiento puede ocurrir ahora. La curiosidad y la pasión residen en todo aprendiz. El cuestionamiento se puede utilizar para sacar provecho de estos dos elementos y, en el proceso, los estudiantes serán empoderados a ser los dueños de su aprendizaje.

El pozo de aprendizaje

Todo vuelve a una simple, pero profunda pregunta: ¿cuál es el propósito de la educación? A muchos, esto parece una pregunta ridícula con una respuesta que es muy obvia. Pero ¿la es? Algunos pueden sugerir que la habilidad de retener o memorizar hechos e información es el propósito fundamental de la educación, El observador casual puede ungir a cualquiera que puede hacer esto efectivamente como listo o inteligente. Talvez él o ella lo es. Pero ¿ser capaz de bordar un examen estandarizado es una indicación precisa de lo que alguien sabe, puede hacer, o ambos? Para cada estudiante individual existe un camino único para adquirir, aplicar y construir un nuevo conocimiento. Es más difícil lograr esto que lo que muchos creen, y el viaje a veces es complejo. Aun así, el hecho es que el aprendizaje es todo menos lineal. Se trata más del proceso que llegar a un destino particular. Cuando piensas de las mentes más geniales en nuestra sociedad, la percepción es pocas veces la realidad. Si echas un vistazo más de cerca y les pelamos las capas, veras un camino lleno de obstáculos, frustración y fracasos. Lo mismo se puede decir de aquellas personas que resuelven problemas diariamente tales como carpinteros, plomeros y mecánicos de automóviles. ¿Qué tienen todos en común? Todos y cada uno ha podido utilizar el pensamiento disruptivo para aplicar lo que él o ella sabe para resolver una serie de problemas. No importa donde un estudiante esté en su camino del aprendizaje, nos corresponde desafiarlo con experiencias auténticas. El enfoque en el pensamiento disruptivo puede darle a los maestros y administradores el contexto para crear y evaluar preguntas y tareas que empoderan la flexibilidad cognitiva y la aplicación mientras fomenta relaciones en el proceso. Entonces, ¿cómo aparenta esto? Uno

PENSAMIENTO DISRUPTIVO

NIVEL 4
- ¿Cómo diseñarías un ... para ...?
- ¿Cómo compusieras una canción sobre ...?
- ¿Cómo volvieras a escribir el final de un cuento?
- ¿Qué sería diferente hoy, si ese evento hubiese ocurrido como ...?
- ¿Puedes ver una solución a ...?
- ¿Cómo le puedes enseñar eso a otros?
- Si tuvieras acceso a todos los recursos, ¿cómo lidiarías con eso?
- ¿Qué nueva e inusual invención crearías para ...?
- ¿Qué solución autentica puedes desarrollar para resolver ese problema?
- ¿Puedes predecir lo que va a pasar después y por qué?

NIVEL 3
- ¿Cómo son estos iguales/diferentes?
- ¿Cómo se parece esto a ...?
- ¿De qué otra manera podemos decir/explicar, expresar eso?
- ¿Qué crees que son algunas razones/causas por lo cual ...?
- ¿Por qué ocurrieron ... cambios?
- ¿Qué es una mejor solución para ...?
- ¿Cómo defenderías tu posición sobre eso?

NIVEL 2
- ¿Cómo haces eso?
- ¿Dónde usarás es conocimiento?
- ¿Cómo se relaciona a tu experiencia?
- ¿Qué observaciones se relacionan con ...?
- ¿Dónde encontrarías esa información?
- ¿Cómo ilustrarías eso?
- ¿Cómo interpretarías eso?
- ¿Cómo recogerías esa data?
- ¿Cómo sabes que funciona?

NIVEL 1
- ¿Qué es/son ...?
- ¿Cuántos/cuántas?
- ¿Cómo hace ...?
- ¿Qué observaste ...?
- ¿Qué más me puedes decir de ...?
- ¿Qué quiere decir ...?
- ¿Puedes recordar ...?
- ¿Cuándo te enteraste que ...?
- ¿Quién es/quienes son ...?
- ¿Cómo definirías eso en tus propias palabras?

de mis favoritos imágenes que ilustran como el proceso se debería ver es el pozo de aprendizaje visto abajo.

Las preguntas a través de este viaje son la clave, en mi opinión. Si el aprendizaje no es riguroso y relevante, entonces es más probable que los estudiantes salten por encima del pozo. Eso es lo que quiero decir cuando digo si es fácil, entonces probablemente no es aprendizaje. Esto equivale finalmente con preguntas y tareas que no retan a los niños a pensar y aplicar lo que están aprendiendo a través de múltiples disciplinas, o solucionar problemas reales del mundo que son predecibles o no predecibles. Cuando todos estos elementos forman parte de la lección o proyecto, impulsamos el desarrollo de la flexibilidad cognitiva de nuestros estudiantes.

Nada es fácil en esta vida. No hay mejor manera de enseñar esta lección de la vida que hacer que los niños entren en el pozo de aprendizaje para experimentad el hoyo disruptivo antes de finalmente emerger más seguros y capaces.

Tareas de desempeño

La pedagogía siempre está a la vanguardia de mi pensamiento sobre el trabajo que hacemos. Décadas de investigación han creado la base para estudios actuales que sacan a la luz como podemos mejorar la enseñanza, aprendizaje y liderazgo. No debemos perder de la vista las prácticas pedagógicas que funcionan. Con todas las grandes ideas a las que los educadores están expuestos gracias a los medios sociales, también a los eventos virtuales y reales, es esencial que hagamos una pausa y reflejamos en lo que nos toma mover de algo que en teoría suena bien a ejemplos de implementaciones exitosas. Las ideas no sólo deben "parecer" sólidas. Se deben basar en evidencia que los estudiantes están actuando en alto niveles de lograr y realizar como resultado de la práctica.

Cuando yo serví como director, quería transformar la cultura de aprendizaje de la escuela. Por muchos años, nuestros estudiantes, como muchos estudiantes a través del mundo, simplemente "hicieron" escuela. La enseñanza era más o menos una tarea monótona que consistía en el mismo tipo de actividades y asesoramiento que ocurrían día tras día. No estábamos empujando a nuestros estudiantes a pensar más profundo en aplicar auténticamente lo que habían aprendido. Llegar a las aulas más a menudo y observar nuestro trabajo a través de un lente nos ayudó tomar los pasos necesarios para alzar la vara y esperar

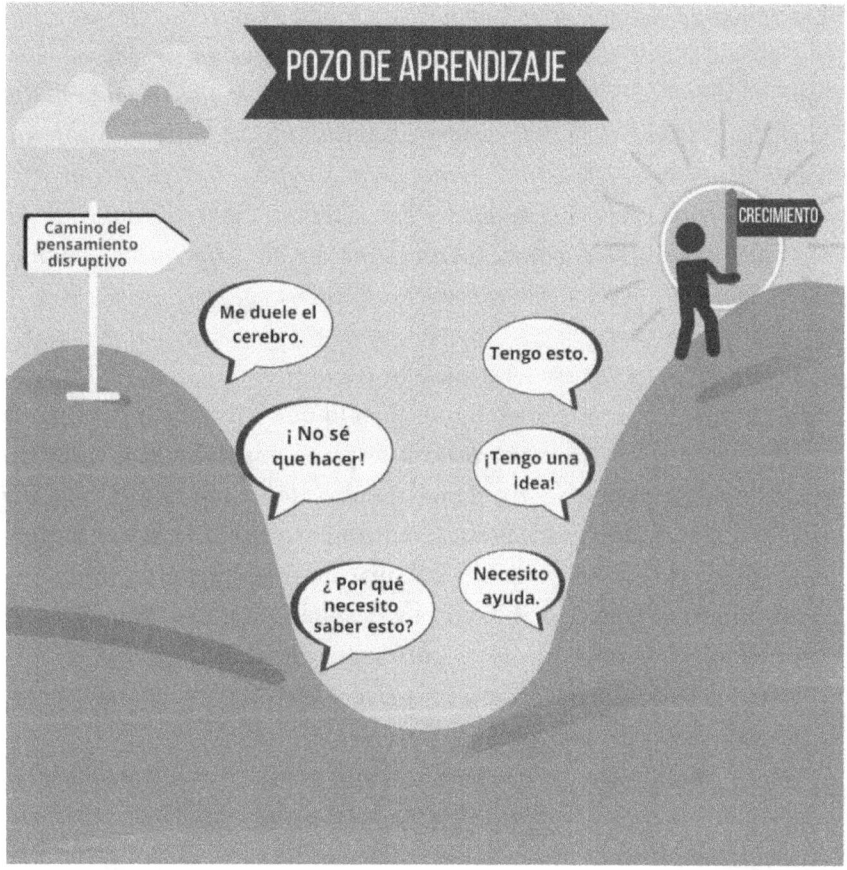

más de nuestros estudiantes. Empezamos con mejor el nivel de preguntas en todos los ámbitos. Desde allí, nos enfocamos en desarrollar las tareas de desempeño, objetivos de aprendizaje y la alineación del plan de estudios. Este enfoque empujó a más de nuestros estudiantes donde los queríamos: en el pozo de aprendizaje.

Las tareas de desempeño le dan al estudiante la oportunidad de aplicar activamente lo que han aprendido y crean un producto que demuestra la comprensión conceptual alineada con los estándares. Jay McTighe describe las tareas de desempeño como sigue:

> *Una tarea de desempeño es cualquier actividad de aprendizaje o asesoramiento que le pide a los estudiantes actuar para demostrar su conocimiento, comprensión y competencia. Las tareas de desempeño ofrecen un producto tangible o actuación que sirve como evidencia del aprendizaje. A diferencia de elemento de selección de respuesta (e.g. opción múltiple o emparejamiento) que les pide a los estudiantes que seleccionen una alternativa dada. Una tarea de desempeño presenta una situación que exige que los aprendices apliquen su conocimiento al contexto. (2015, pág. 1)*

Aprender en las escuelas muy exitosas permite a los estudiantes saber lo que hacer aun cuando no saben lo que hacer. Esto también se refiere como flexibilidad cognitiva que ya hemos discutido, la habilidad mental de cambiar entre el pensar sobre dos conceptos diferentes y pensar sobre múltiples ideas simultáneamente. Para lograr esa competencia, los estudiantes necesitan adquirir un conocimiento profundo y un conjunto amplio de habilidades y después enseñarles cómo aplicar sus habilidades/conocimiento a situaciones impredecibles en el mundo más allá de las escuelas. Esto es crítico si queremos preparar a nuestros estudiantes para los trabajos del nuevo mundo.

Con el enfoque en el pensamiento disruptivo, los educadores empiezan a desarrollar tareas de desempeño que empujan al estudiantes a demostrar su comprensión mientras aplican lo que han aprendido en contextos relevantes. McTighe identifica siete características que se deben considerar:

1. Las tareas de desempeño piden la aplicación de conocimiento y habilidades, no sólo recuerdo o reconocimiento.
2. Las tareas de desempeño son abiertas y típicamente no dan un sola repuesta correcta.
3. Las tareas de desempeño establecen contextos nuevos y auténticos para actuar.
4. Las tareas de desempeño dan evidencia de comprensión vía la transferencia.

EL APRENDIZAJE PEGAJOSO

5. Las tareas de desempeño son multifacéticas.
6. Las tareas de desempeño pueden integrar dos o más asignaturas, así como las habilidades del Siglo XXI.
7. Los desempeños en las tareas abiertas son evaluados con criterios establecidos y rubricas. (2015, pág. 4)

Los modelos GRASPS (Wiggins & McTighe, 2004) pueden ayudar a los educadores enormemente en la construcción de tareas de desempeño de calidad en el alineamiento. Los acrónimos de GRASP representan los siguiente: **G**oals, **R**ole, **A**udience, **S**ituation, **P**roducts, or **P**erformances, and **S**tandards / *Goles, Rol, Audiencia, Situación, Productos o Actuaciones y Estándares.*

Es importante recordar que los dos elementos críticos en cualquier tarea de desempeño de calidad son la evidencia del aprendizaje y la aplicación relevante. Las tarea de desempeño empujan al estudiante a pensar más profundo sobre su aprendizaje mientras desarrollan un mayor sentido de relevancia afuera del salón de clase.

Uno de mis recuerdos más preciados es mi maestro de ciencia, el Sr. South. Habiendo atendido una escuela de K-8 consolidada en la zona rural de Nueva Jersey, sabíamos quiénes eran todos los maestros. Pero, el Sr. South se destacaba. Aún recuerdo como un estudiante de primaria viendo unos folletos de papel con una caricatura del Sr. South en una de sus famosas camisas de franela.

Había una razón por la cual todos hablaban del Sr. South. Era un maestro asombroso. Todo estudiante en la escuela esperaba tomar su clase. Porque nuestra escuela era pequeña, había una gran oportunidad que lo podrías tener varias veces antes de irte a la secundaria.

Lo que separaba al Sr. South de los otros maestros era su pasión por ayudar a los estudiantes aprender y su amor por la ciencia. Sus lecciones eran livianas en las instrucciones directas y pesadas en las conexiones auténticas y las aplicaciones. Él no *enseñaba* ciencia. Nosotros *aprendíamos* ciencia.

Goles	Rol	Audiencia	Situación	Producto	Estándares
Tu tareas es…	Tu eres …	Tu cliente es …	El contexto en que te encontrarás es …	Tu crearas … con el fin de …	Tu producto o desempeño necesita …
Tu gol es …	Se te ha pedido que…	Tu público objetivo es …	El desafío involucra tratar con …	Tendrás que desarrollar … para …	Tu labor se juzgará según tu …
El problema o desafío está en …	Tu trabajo es …	Necesita convencer a …			Tu producto tiene que cumplir con los siguientes estándares.
El obstáculo a superar es …					Un resultado exitoso …

De *Comprensión por diseño, 2ᵈᵃ edición expandida*. Por Grant Wiggins y Jay McTighe, Alexandria,

VA: ASCD © 2005 por ASCD. Reimpreso con permiso. Todos los derechos reservados.

El Sr. South es la razón por la cual perseguí un título en ciencias inicialmente, y después en el campo de la educación. Hubo un proyecto particular que se me ha quedado en la mente hasta hoy

día. En vez de darnos una lectura sobre Marte, nos hizo crear a Marte en el salón de clase. Los estudiantes fueron divididos en grupos con diferentes tareas que completar. Cada tarea específica de cada grupo jugaba un papel importante en el proyecto Marciano general. A mi socio y yo nos encargaron llevar materiales a Marte para crear una infraestructura en el planeta. A través de nuestra investigación

> Él no enseñaba Ciencia. Nosotros *aprendíamos ciencia*

encontramos un dispositivo llamado el transportador de materiales. Le presentamos nuestros hallazgos al Sr. South y nos dio la tarea de crear dos diferentes prototipos de transportadores de materiales.

Durante y después de la escuela, mi socio y yo trabajábamos en el desarrollo de estos prototipos en miniatura que podrían realmente impulsar materiales. Esta era una experiencia frustrante porque nunca nos habían pedido que aprendiéramos de esta forma. Se pasaron innumerable horas fuera de la escuela trabajando en este proyecto. Hasta fuimos a la casa del Sr. South los fines de semana para que pudiéramos usar muchas de las diferentes herramientas que tenía en su garaje. A través de todo, éramos dueños de nuestro propio aprendizaje enfocándonos en el trabajo reflexivo e hicimos un gran número de conexiones con otras disciplinas. El proceso en sí mismo estaba plagado de altibajos, pero al final, desarrollamos los dos prototipos como se nos asignó mientras aprendíamos con nuestras manos.

Durante varias semanas, cada grupo trabajó para terminar su tarea asignada y su trabajo de investigación. Después la etapa final era actualmente crear Marte en el aula y eso es lo que el Sr. South nos hizo hacer. Era el aprendizaje del caos controlado que involucraba herramientas, madera, papel maché, colaboración, comunicación, luces ultravioletas y mucho más. Una vez que la superficie de Marte estaba completa, cada grupo estableció su estación a través del planeta para demostrar sus proyectos específicos. La actividad culminante fue una presentación en múltiples noches a nuestros padres y la comunidad en general durante cual cada grupo mostraba una sociedad próspera que hipotéticamente se crearía en Marte.

Este fue por lejos una de las más poderosas experiencias educativas en que estuve involucrado como estudiante. El Sr. South nos hizo aprender ciencia activamente en vez de simplemente tomar notas seguido por una evaluación tradicional. Desarrollamos la competencia de pensar de maneras complejas y aplicar el conocimiento y habilidades con autenticidad. Hasta cuando enfrentamos incógnitas desconcertantes, la pedagogía empleada por el Sr. South nos permitió usar el conocimiento y habilidades que ni sabíamos que teníamos para crear soluciones y tomar acción, adquiriendo competencias críticas en el camino.

Muchas de las competencias que se necesitan hoy eran evidentes en ese proyecto que ocurrió en 1988. Y no es que este tipo de aprendizaje sea nuevo. En realidad, en gran parte nada de lo que vemos y oímos es algo nuevo. Lo que ha cambiado es la forma en que la tecnología proporciona una nueva vía para integrar activamente el tipo de aprendizaje que muchos de nosotros jamás hubiéramos imaginado. La clave es enfocar en consultas auténticas basadas en proyectos.

El objetivo de una lección

He sido un gran fanático de recoger y revisar los planes de clases de los maestros. En mi opinión uno puede aprender mucho recogiendo y viendo las evaluaciones. No importa donde te encuentres en el debate sobre los planes de clases, la intención es lo que realmente importa. Todos nosotros que hemos enseñado o hemos servido en una posición de liderazgo que apoya a los maestros, sospecho que estarán de acuerdo que el objetivo de cada lección es ayudar a los estudiantes aprender. Claro que hay estándares y currículos por cubrir, así como los conceptos esenciales. Hay actividades, proyectos y evaluaciones en el camino. En algunos casos, las técnicas innovativas como un enfoque diferente o mezclado puede ser el camino pedagógico preferido. No importa los que constituye un plan de clase, el objetivo sigue siendo el mismo: el aprendizaje.

Si la intención del resultado nos es clara, debemos decir lo mismo de nuestros educadores. Esto plantea una pregunta fundamental que siempre deberíamos considerar: ¿entienden los estudiantes el propósito de la lección? Si no lo entienden, entonces es un reto realizar cualquier objetivo que se establezca. Todo empieza con la articulación clara de los resultados del aprendizaje. Para muchos de nosotros, esto viene en la forma de objetivos. Sé que cuando terminé mi trabajo de curso y el proceso de certificación docente, se enfatizó escribir objetivos claros como un componente crítico de todo plan de clase. Cuando entré en el aula, lo que aprendí se transfirió y los objetivos no sólo se incluyeron en mis planes de clase, sino también los listé en el tablero para que los estudiantes los vieran. Aunque no siempre es necesario postear los objetivos para que todos los vean, si es crucial que los estudiantes comprendan los resultados de aprendizaje previstos en cada lección.

En mi trabajo como instructor, ahora aconsejo a los maestros que se distancien de este componente tradicional de diseño de lecciones y su implementación. Los objetivos, si realmente pensamos en ellos, a menudo son más lo que el adulto desea lograr en términos de alinearse a los estándares y conceptos, así como el alcance y secuencia. Sólo observa cómo se escriben y dime si te sientes lo mismo. Los objetivos de aprendizaje, por otro lado, enmarcan la lección desde el punto de vista del estudiante y se escriben usando declaraciones como "Yo puedo" o "Yo lo haré." Ayudan al aprendiz entender el propósito de la lección, inclusive por qué es importante aprender un trozo particular de información o concepto, este día, y de esta manera. Los objetivos de aprendizaje de calidad como parte de una lección efectiva ayuda a los estudiantes responder estas tres preguntas:

1. ¿Por qué aprendimos esto y que podré hacer cuando termine esta lección?
2. ¿Qué idea, tópico o tema es importante que yo aprenda y comprenda para poder hacer esto?

3. ¿Cómo puedo mostrar que puedo hacer esto, y cómo puedo mostrar que he aprendido algo nuevo?

Desarrollar objetivos de aprendizaje no va lo suficiente lejos. Los aprendices necesitan entender el objetivo de la lección, así como el maestro y la administración. Impartiendo relevancia a través de un contexto específico y aplicación ayuda lograr esto. Sin embargo, todos se debe atar junto desde el punto de vista del aprendiz. Por eso la conclusión y reflexión al final de cada lección son tan grave. Uno o ambos elementos se pueden vincular al uso de una gráfica SQC. Una versión actualizada y ampliada de tal gráfica aparece en la próxima página.

Desde un punto pedagógico, es vital construir estos en las actividades diarias de aprendizaje para cerrar el círculo del proceso de aprendizaje. El resultado final, todos – especialmente nuestros estudiantes – deben entender el propósito de la lección.

El movimiento mejora el pensamiento

Pasando tiempo en las escuelas como un entrenador de liderazgo y aprendizaje ha sido uno de los más gratificantes labores que he hecho. La mejor parte es las conversaciones que tengo con los aprendices, especialmente al nivel de las escuelas secundarias. Estas siempre me dejan revitalizado y me recuerdan por qué me convertí en un maestro hace muchos años. Luego está la practicidad de poder trabajar con los administradores y los maestros a ras del suelo para mejorar la pedagogía y, en su turno, los resultados de los estudiantes. Por este lente, puedo ver las semillas de cambio germinar en cambios reales en la práctica. También me da la oportunidad de reflejar sobre lo que veo y mi interpretación sobre como el campo de educación puede continuar desarrollándose en maneras que mejor apoyan las necesidades de los aprendices.

EL APRENDIZAJE PEGAJOSO

S	Q	C	A	A	P
¿Qué sé yo?	¿Qué quiero saber?	¿**Como** me doy cuenta?	¿Qué he **aprendido**?	¿Qué **acción** tomaré y por qué?	¿Qué **preguntas** tengo?
¿Por qué es tan importante que yo **sepa** esto?	¿Por qué **quiero** saber esto?		¿Cómo voy a usar lo que he **aprendido**?		¿Cómo voy a responder estas o qué asistencia necesito para responderlas?

Un buen ejemplo: Un día estaba participando en una caminata de aprendizaje[10] en una escuela primaria. Al entrar, la lección estaba por concluir. El maestro tenía a los estudiantes involucrados en una actividad de descanso mental para demostrar conocimiento del concepto de multiplicación en la matemática. Después que los tiquetes de salida se recogieron, el maestro hizo que todos los estudiantes participaran en una actividad de descanso mental. A cada estudiante se le instruyó que se levantara, caminara por el salón y encontrara un socio que no era de su grupo de asientos preasignados. Entonces se les instruyó que compitieran en varios juegos de piedra-papel-tijera con sus compañeros. Después de una mayor actividad física y diversión, la lección hizo una transición donde los estudiantes completaban una tabla científica para revisar el aprendizaje previo.

Por mucho tiempo he estado enamorado del concepto de los descansos mentales. Como resultado, investigué un poco sobre el tema. Un número de investigaciones han encontrado que sin descansos periódicos los estudiante tienen más casos de comportamiento inapropiado en el aula. Elizabeth Trambley (2017) hizo su propia investigación para determinar el impacto del descanso mental sobre el comportamiento. Encontró que una vez que se implementaban los descansos mentales, el comportamiento inapropiado se disminuía, estableciendo una relación funcional entre los descansos y el comportamiento en el aula.

El concepto de descansos mentales me impulsó a pensar en una tendencia creciente en la educación. Mientras el estudiante progresa por el sistema de K-12, hay menos y menos movimiento en su jornada. Lo he visto de primera mano en las escuelas a través del globo. Investigaciones realizadas por Elizabeth Trambley, Joseph Sarrelmaire & John Ratey(2009) y Kristy Ford (2016) concluyeron que tanto el recreo como las actividades físicas llevan hacia mejores resultados en el aprendizaje. Investigaciones también han encontrado que el movimiento mejora el aprendizaje en general y en los resultados de las pruebas, habilidades y conocimiento en las materias básicas como las matemáticas, fluidez en la lectura, así como aumentar el interés y la motivación del estudiante. (Adams-Blaire & Oliver, 2011: Braniff, 2011; Vazou et al., 2012; Erwin, Fedewa, & Ahn, 2013; Browning et al., 2014).

La educación física no sólo es una necesidad absoluta en el currículo del K-12, pero las escuelas necesitan hacer más para asegurar que el movimiento se está integrando en cada clase. ¿Necesitas más prueba de lo importante que es el movimiento? Todo lo que tienes que hacer es recurrir a la ciencia. El cerebro necesita estimulación regular para funcionar adecuadamente y esto puede ser en la forma del ejercicio o movimiento. Basado en lo que se sabe del cerebro, es una estrategia cognitiva eficiente para mejorar la memoria y recuperación, fortalecer el aprendizaje y mejorar la motivación de los aprendices.

Abajo hay una lista de ideas sencillas para incorporar el movimiento en una jornada escolar:

- Añadir más tiempo al recreo, no sólo en las escuelas primarias sino también en las secundarias.
- Incorporar a propósito actividades de movimiento a cada lección sin importar la edad de tus estudiantes. Crea el tiempo, pero no

permitas que la actividad dicte lo que vas a hacer. Monitorea las necesidades de tus estudiantes y sé flexible en determinar la actividad más apropiada.
- Incorpora descansos cortos de treinta segundos a dos minutos extensos cada veinte minutos más o menos o incorpora actividades físicas a la lección. Si hay tecnología disponible usa herramientas como GoNoodle (www,gonoodle.com) que es una manera popular para que los estudiantes roten entre estaciones en un ambiente de aprendizaje combinado. Si no, no te preocupes. Una actividad práctica puede ser simplemente hacer que los estudiantes caminen en el lugar o que se levanten y hagan ejercicios de estiramiento.
- Hay que asegurar que todo estudiante está inscrito en educación física durante la jornada diaria.

No mires a los niños moviéndose en la clase como un pobre uso del tiempo de instrucción, Como muestra las susodichas investigaciones, el movimiento es un componente esencial del aprendizaje. Si nuestra meta es ayudar a los niños convertirse en pensadores disruptivos, entonces debemos ser intencionales en levantarlos y moverlos en la escuela.

El aprendizaje reflexivo

La misión para mejorar la pedagogía y a la vez el resultado del aprendiz es el enfoque de muchas escuelas. Nos esforzamos en perseguir la próxima idea innovativa o herramienta como un camino hacia la mejora, pero poco cambia. Quizás el éxito yace en echar una mirada más perspicaz a nuestras practicas diarias. La clave en preparar la educación para el futuro es empoderar a los estudiantes no sólo a pensar, pero también aplicar su pensamiento de maneras auténticas para demostrar lo que han aprendido. Llámese aprendizaje riguroso, aprendizaje más profundo, aprendizaje personalizado o simplemente aprendizaje, no me concierne. La semántica a un lado, la meta de toda escuela debería ser equipar a los estudiantes con el conocimiento apropiado, habilidades, mentalidad y compor-tamiento que los ayude desarrollarse en aprendices competentes. Mejorarnos en esto debería ser nuestro grito de guerra.

Podemos hacer que nuestros estudiantes "aprender a hacer" o podemos cambiar la experiencia, y hacerlos "hacer para aprender." La pregunta entonces no es una conversación sobre cuál es el mejor camino, sino si ha ocurrido el aprendizaje. Claro, podemos aplicarle una nota y en muchos casos esto se convierte en evidencia que hubo o no hubo aprendizaje, pero existen fallas inherentes en esto. Desafortunadamente, muchas prácticas de calificación son completamente arbitrarias y no proveen una indicación precisa del aprendizaje; tenemos que repensar nuestra practica de calificación. Puede que no se eliminen las notas o los exámenes totalmente; eso puede que no sea realista hoy día (aunque, podrá ser posible en el futuro, uno espera). La pregunta más importante es simplemente ¿qué se puede integrar en la práctica diaria para ayudar a los estudiantes aprender?

Para llegar donde deseas estar, necesitas ser honesto sobre donde de encuentras en este momento. ¿A tus estudiantes se le brinda la oportunidad durante cada lección para reflejar sobre lo que han aprendido? Como diría John Dewey: "No aprendemos de la experiencia, aprendemos al reflejar sobre la experiencia." No es irrazonable pedir que le demos a los estudiantes la oportunidad de reflexionar sobre el objetivos del aprendizaje de ese día. Al trabajar con las escuelas y distritos, mi principal área de enfoque es ayudar mejorar la pedagogía con o sin el uso de la tecnología. Desafortunadamente, pocas veces veo las oportunidades para las reflexiones de los estudiantes durante mis innumerables recorridos, revisión de los planes de clase o auditorias que miden como la herramientas digitales se están usando en el salón de clases. Esta es una solución fácil si se adopta un enfoque donde hay una combinación de auto eficiencia y un compromiso de toda la escuela hacia una meta. Costa & Kallick comparten por qué la reflexión es un componente crítico del proceso de aprendizaje:

La reflexión tiene muchas facetas. Por ejemplo, reflejar sobre el trabajo fortalece su significado.

Reflejar sobre las experiencias anima el aprendizaje perspicaz y complejo. Fomentamos nuestro crecimiento cuando controlamos nuestro aprendizaje, así que es mejor hacer algunas reflexiones solo. La reflexión, sin embargo, también se anima cuando reflexionamos nuestro aprendizaje con otros. La reflexión involucra ligar una experiencia corriente con un aprendizaje previo (un proceso que se llama andamiaje). Las reflexiones también involucran sacar información cognitiva y emocional de varias fuentes: visual, auditiva, kinestésica y táctil. Para reflejar, debemos actuar y procesar información, sintetizando y evaluando los datos. Al final, reflejar también quiere decir aplicar lo que hemos aprendido a contextos más allá de las situaciones originales en las cuales aprendimos algo. (2008, párr. 2)

Algo tan sencillo como intencionalmente planificar las oportunidades para que el estudiante refleje durante el día en clase tiene el potencial de mejorar el aprendizaje significativamente. El aprendizaje reflexivo es una manera de permitir que el estudiante de un paso atrás de su experiencia educativa para ayudarles desarrollar habilidades de pensamiento disruptivo y mejorar su rendimiento en el futuro analizando sus experiencias educativas. Este tipo de aprendizaje ayuda avanzar al estudiante del pensamiento de nivel superficial al aprendizaje profundo. Reflejar diariamente les da a los estudiantes la oportunidad de tener más dominio sobre su aprendizaje.

Abajo hay una estrategias simples que se pueden implementar para integrar la reflexión a cualquier lección:

+ **Escribiendo** – un jornal o blog se puede añadir como una manera de no sólo revisar, sino también reflejar, en el aprendizaje previo. También se puede usar como una forma de cierre. Indicaciones reflexivas simples también se pueden usar. Una gran cantidad de investigaciones revisadas por Lewis & Schmidt (2011) sugieren el impacto positivo de escritos reflexivos sobre el desarrollo cognitivo.

- **Video** – la fiebre de *Flipgrip* ha tomado control de muchas escuelas. Esta herramienta puede permitir que los estudiantes reflejen sobre su aprendizaje. Pueden ser guiados por indicaciones sencillas. Los videos son entonces fácilmente accesibles para revisar en una cuadrícula. Piensa en el valor hacer que los estudiantes vean y escuchen a sus compañeros sobre lo que aprendieron o lucharon por superar las dificultades durante su lección. En su investigación, Rose et al. (2016) encontraron que el video hacía la experiencia reflexiva más auténtica y significante tanto para el estudiante como el maestro. Hay muchas maneras en que los educadores pueden aprovechar el poder del video para mejorar el aprendizaje.
- **Interacción con compañeros** – Una investigación de Harton & Smith (1995) indicó que involucrarse con otra persona de una manera como hablando con, preguntando o confrontando, ayuda el proceso reflexivo colocando al aprendiz en un entorno seguro para que la autorrevelación pueda ocurrir. Considera implementar la estrategia de amigos críticos donde los estudiantes les hacen críticas a sus pares sobre el pensamiento de cada uno, o más oportunidades para discusiones como un medio para reflexionar. Usando la crítica de pares para evaluar y mejorar el trabajo de los estudiantes es una extensión natural del movimiento hacia evaluaciones más auténticas en la educación. (Henderson & Karr-Kidwell, 1998).

Creando tiempo para que los estudiantes reflexionen sobre su aprendizaje los lleva a una mayor apropiación del proceso, crea conexiones importantes entre las experiencias del presente y el pasado, le da a los maestros información valiosa sobre el logro o dominio de estándares y los obliga a ejercer un cierto nivel de autogestión mientras se hacen más capaces de regular su propio aprendizaje. Con estos resultados positivos, el aprendizaje reflectivo debería ser la nueva norma en las escuelas.

Pensando por medio del juego

Como niño me encantaba jugar. Pasaba muchas horas construyendo fuertes en los bosques, creando castillos de arena en la playa, montando bicicletas, jugando Atari (después Nintendo, Game Boy, Sega, Genesis, etc.) o simplemente corriendo por ninguna razón. A los niños les encanta jugar y es el componente principal en su desarrollo social y emocional. Cualidades importantes como la paciencia, compromiso, enfoque, resolver problemas, determinación e inventivas, para mencionar algunas, se desarrollan por medio de juegos. No sólo son vitales estas cualidades, sino también representan elementos que no se pueden poner a prueba. Esta es una lista corta:

- Curiosidad
- Sentido de sorpresa
- Creatividad
- Persistencia
- Crecimiento del aprendizaje
- Entusiasmo
- Liderazgo
- Coraje
- Mentalidad cívica
- Autodisciplina
- Empatía
- Gracia
- Motivación
- Fiabilidad
- Compasión
- Humor
- Resiliencia
- Pensamiento disruptive

Por mucho que me encantara jugar cuando era niño, creo que disfruto viendo como impacta a los demás, incluso a mis propios hijos, aún más. Mis niños participaban en juegos de maneras únicas en función de sus personalidades. Cuando era niño, mi hijo Nick era un ávido jugador que amaba *Minecraft* y la libertad creativa que generaba. En casi todas las noches lo veíamos con sus auriculares puestos, colaborando y comunicando con niños de su misma edad de todo el país, y utilizando el pensamiento y la estrategia para crear un producto que le importaba. También estaba enamorado del baloncesto, golf, batallas con pistolas Nerf, juegos electrónicos de tiro, ir al parque y, por supuesto, jugar con su hermana. Les gustaba caminar por el vecindario juntos, participando en *Pokeman Go*. Me encantaba cuando regresaban y me contaban cuantos kilómetros habían caminado mientras se divertían.

Mi hija, Isabela, por otro lado, era una bola de energía. Siempre estaba en movimiento, corriendo alrededor de la casa y afuera cuando el calor de Texas estaba bajo control. Como a su hermano, la tecnología jugaba un gran papel en su régimen de juegos. Muchas noches después de las cenas, se retiraba a su cuarto para jugar *Roblox* con su mejor amiga, Brooke, que vivía en Nueva York. Ella tendría una computadora configurada para el juego y luego transmitiría a Brooke en vivo usando Facetime en su iPad mini. Entonces jugaban el juego juntas, riéndose y conversando en tiempo real. Siempre fue buena en crear Tik Toks con sus amigas cercanas y lejanas. Afuera de la tecnología, era una niña normal cuando se trataba de juegos de muñecas, peluches y una variedad de juegos acuáticos en la piscina.

El juego tiene un efecto mágico, a veces, de remover un poco del estrés y presiones de la vida. Es en estos momentos despreocupados que los niños y los adultos desarrollan y mejoran ciertas habilidades que juegan un enorme papel en el desarrollo personal y profesional. Me encuentro reflejando sobre el impacto aparentemente interminable que el juego tiene en los niños, que todavía está siendo eliminado de las escuelas en todas partes. Pregúntale a cualquier niño cuál es su parte favorita de la jornada escolar, y lo más probable es que responda en ningún orden específico: recreo, gimnasia, música y arte.

Nuestros niños necesitan y merecen más tiempo para jugar en la escuela. El recreo se necesita no sólo durante los años en las escuelas primarias, pero también en las escuelas intermedias y secundarias. En realidad, la escuela secundaria debería parecerse más al kindergarten que al colegio. El juego debe ser valorado en las escuelas y su integración debe ser una prioridad si el aprendizaje y el rendimiento son el objetivo. Las investigaciones han demostrado que los juegos desarrollan a los estudiantes de cuatro maneras: física, cognitiva, social y emocionalmente. De acuerdo con Ginsberg:

El juego es integral al ambiente académico. Asegura que el entorno escolar atienda el desarrollo social y emocional de los niños, así como su desarrollo cognitivo. Se ha demostrado que ayuda a los niños adaptarse al entorno académico, y hasta mejorar la preparación para el aprendizaje, las conductas del aprendizaje y las habilidades de resolución de problemas de los niños. El aprendizaje social-emocional se integra mejor con el aprendizaje académico; es preocupante si algunas de las fuerzas que elevan la habilidad del aprendizaje de los niños son elevadas a expensas de los demás. El juego y el tiempo no programado que permiten la interacción con compañeros son importantes componentes del aprendizaje social-emocional. (2017. Pág. 183)

El juego beneficia a estudiantes de todas edades en cuatro maneras de desarrollo mientras se desarrollan las habilidades de pensamiento.

Para crear escuelas que funcionan para los niños, necesitamos un esfuerzo concertado para romper la monotonía de la práctica del aprendizaje tradicional que le causan gran estrés a nuestros estudiantes. Juegos estructurados y no estructurados deberían ser integrados a todo horario escolar independientemente del grupo de edad atendido. Abajo hay unas ideas para recordar:

- Añadir más tiempo de recreo (los niños lo necesitan y los beneficios son claros)
- Integrar *Makerspaces*, un ambiente de aprendizaje único que fomente retoques, juego y la exploración abierta para todos. (Fleming, 2017)

Físico	Emocional	Social	Cognitivo
Cuerpos sanos y en forma	Empatía	Negociación	Pensando científicamente
Agilidad	Persistencia	Colaboración	Habilidades de indagación e investigación
Coordinación	Control de impulsos	Comunicación	
Confianza	Autorregulación	Resolución de conflictos	Habilidades literarias
Control de Estrés	Alegría	Estableciendo límites	Pensamiento independiente, científico, creativo y matemático
Habilidades motrices finas y gruesas	Resiliencia	Cooperación	
	Autoconfianza		Habilidades lingüísticas

+ Reemplazar el salón de estudios con opciones de juego y actividades de elección abierta.
+ Integrar juegos como ajedrez, damas, Trivial Pursuit, y Xbox en las áreas comunes de la escuela.
+ Añadir tiempo al almuerzo y animar a salir o dar acceso a juegos de tablero.
+ Desarrollar y ofrecer un curso optativo basado en juegos.

Estas son unas ideas para implementar el juego a un día escolar. Los estudiantes deberían estar emocionados de asistir a la escuela y aprender. Al integrar más juego en la escuela, podemos empezar a crear una cultura donde más estudiantes desean aprender. Una vez que logramos esto, las posibilidades son interminables.

El aprendizaje "pegajoso" es exactamente eso – se pega. Si la meta es empoderar a los estudiantes a pensar disruptivamente, entonces necesitamos usar una gama de estrategias que creen una experiencia que no sólo reta a los estudiantes, sino les permite aplicar y procesar lo que han aprendido de maneras significantes. Mientras el rigor y la relevancia representan áreas de enfoque para hacer una realidad de esto, nunca olvides el poder de la reflexión, movimiento y el juego

---

DESAFÍO DISRUPTIVO #4

Observa a un estudiante durante un día de escuela para obtener información de primera mano de lo que él o ella han experimentado durante un día típico. Refleja sobre esta experiencia, notando, en particular, cualquier ejemplos del "aprendizaje pegajoso" que observaste. Escoge una estrategia del aprendizaje pegajoso (basado en investigaciones, realización de tareas, reflexión, movimiento, juego) que regularmente no se incorpora en tu aula o escuela. Desarrolla un plan de integración con criterios para medir el éxito. Comparte una actividad que se desarrolló o implementó en el medio social usando el hashtag #DisruptiveThink

TERCERA PARTE:
REPENSANDO EL APRENDIZ

CAPÍTULO 5

Añadiendo el toque personal

"La educación no es llenar un cubo, sino encender una llama."
William Butler Yeats

La educación está en una encrucijada. Las nuevas tecnologías han cambiado radicalmente el mundo en el que vivimos y trabajamos en todo el mundo., En muchos casos, esto ha sido algo bueno, pero no siempre. Entonces llega la pandemia del COVID-19, para la cual nadie estaba preparado. La verdad del asunto es que el cambio no viene; está guindando en la puerta cada día. La mantra "siempre lo hemos hecho de esa manera" se está volviendo menos relevante cada día que pasa. Al medida que cambian los tiempos, muchas escuelas y distritos están luchando con lo que deben enfocar en un esfuerzo de mantenerse al tanto de las demandas de la sociedad, una fuerza laboral en cambio, nuevas áreas de estudio, tecnologías disruptivas y aprendices que anhelan experiencias más relevantes. Los niños haciendo la misma cosa, de la misma manera, al mismo tiempo ya no es suficiente. Como resultado, se necesita un cambio hacia un acercamiento más personal al aprendizaje.

El aprendizaje personalizado

Cómo aprendemos mejor ha sido un tema candente por muchos años. Como no hay un modelo de instrucción único que funcione para todos los estudiantes, no existe una respuesta perfecta a esta pregunta. Aun así, las experiencias de aprendizaje son relevantes, prácticas para nuestras necesidades, significante y aplicable de maneras que verdaderamente contribuyen como factores que impulsan el aprendizaje. La habilidad de adquirir y construir nuevos conocimientos y luego aplicarlos de manera invertida para resolver problemas complejos, es el corazón de lo que se le ha encomendado a la educación. Este elevado objetivo no ha cumplido con nuestras expectativas ya que nuestro sistema educativo ha cambiado muy poco en los últimos cien años. Como resultado del enfoque predominante de la educación de talla única, los estudiantes entran a un entorno donde sus necesidades individuales y únicas a veces no se satisfacen resultando, en muchos casos, en aprendices desmotivados. Se necesita un cambio, y se necesita ahora para mejor preparar a nuestros estudiantes para el futuro.

Aunque la verdad es que se ha logrado progreso significante en muchas áreas de la educación, aun se requiere mucho más trabajo. Gracias en gran parte al trabajo de Carol Ann Tomlinson (2016) sobre la instrucción diferenciada, hemos tomados los pasos necesarios para diseñar experiencias de aprendizaje para estudiantes individuales. En resumida cuentas, la diferenciación se enfoca en estrategias efectivas de enseñanza que les abren a los estudiantes diferentes avenidas para aprender (muchas veces en el mismo salón de clases) en términos de: adquirir contenido; procesando, construyendo o dando sentido a las ideas; y desarrollando materiales para la enseñanza y medidas de evaluación para que todos los estudiantes dentro de un salón de clase puedan aprender efectivamente.

¿Es la diferenciación suficiente y por qué no se ha incorporado a escala? El tiempo también podría ser in problema como una falta de recursos para implementar esta aproximación consistentemente y con fidelidad. Otro factor es la aparente falta de enfoque en lo que realmente apasiona a los estudiantes y alinear la instrucción con sus intereses de

AÑADIENDO EL TOQUE PERSONAL

aprendizaje. El *aprendizaje personalizado* se basa en una importante base que proporciona la diferenciación al tener en cuenta los intereses y preferencias individuales de los estudiantes alineados con sus necesidades específicas de aprendizaje.

La personalización representa un cambio en el enfoque de "qué" (contenido, currículo, pruebas, programas, tecnología) a "quién" para crear una experiencia de aprendizaje personal para todos los estudiantes. En la vanguardia está desarrollar y sostener una cultura que imparte propósito, sentido, relevancia, propiedad y otros caminos que atienden tanto a las fortalezas de aprendizaje como las necesidades de los estudiantes. Es crítico llegar a un consenso sobre lo que quiere decir esto en el contexto de la educación, aprendizaje y liderazgo. La visión, lenguaje y expectativa son importantes si nuestro objetivo es ir más allá de una simple palabra de moda o focos aislados de excelencia. Este cambio resulta en un enfoque refinado sobre el aprendiz; incluyendo las siguientes consideraciones:

> La personalización representa un cambio en el enfoque de "qué" (contenido, currículo, pruebas, programas, tecnología) a "quién" para crear una experiencia de aprendizaje personal para todos los estudiantes.

- Conocimiento y como se usa.
- Contextos auténticos, relevantes del mundo real
- Construyendo sobre fortalezas diversas/necesidades de nuestros estudiantes
- Promoviendo el aprendizaje independiente y autodirigido
- Dueño del aprendizaje
- Diferentes maneras de facilitar en aprendizaje
- Uso de la tecnología para apoyar y mejorar el aprendizaje

En la educación, cada lección diaria puede hacer o deshacer la experiencia educativa de un aprendiz en el aula. La planificación toma tiempo. Recuerdo las muchas noches y fines de semana en que gasté innumerables horas desarrollando una variedad de actividades que mantendrían a mis estudiantes involucrados respetando al mismo tiempo el alcance y la secuencia del currículo basado en los estándares que necesitaban ser abordados. Tan importante como es la planificación, el aprendizaje personalizado trata más sobre la experiencia que la lección; sin embargo, este último es necesario para crear lo primero. La clave para fortalecer el aprendizaje y la instrucción consiste en mantener un balance entre dos componentes primarios:

1. La instrucción (lo que el maestro hace)
2. El aprendizaje (lo que el estudiante hace)

El balance es importante. Existe un momento para la instrucción directa, pero muchos estudiantes te dirían que este componente de una lección no es lo que ellos realmente desean o encuentran importante. Los niños quieren una experiencia educacional que es personal mientras los maestros tratan de asegurar que se alinean con las expectativas muy reales puestas en las escuelas en todo el mundo. Encontrar un terreno común en esta área presenta todo un desafío. Toda personificación necesita un cambio de "qué" a "quién" para enfatizar la propiedad del aprendizaje. Suena sencillo, pero lograr que todos estén a bordo está en el corazón de un enfoque más personal.

3 cambios para hacer el aprendizaje algo personal

La instrucción sólida nos debería llevar hacia una experiencia de aprendizaje auténtica en la cual los aprendices mismos están en el asiento del conductor. Hay tres cambios críticos en la práctica que pueden conducir a experiencias de aprendizaje personal para niños:

Cambio 1: ¿Los aprendices nos están diciendo lo que saben o nos están mostrando lo que actualmente entienden?

AÑADIENDO EL TOQUE PERSONAL

Cambio 2: ¿Quién está haciendo el trabajo y el pensamiento?
Cambio 3: ¿Quién está haciendo o desarrollando las preguntas?

Es obvio que hay más que considerar cuando abrazamos e implementamos los cambios mencionados arriba. Una experiencia de aprendizaje personal no sacrifica el pensamiento en un alto nivel y su aplicación sólo por el bien de la relevancia y el significado. Una buena pedagogía provee la base con el énfasis añadido sobre el andamiaje, evaluación innovadora y retroalimentación mejorada. La agencia estudiantil y la tecnología juegan un enorme papel por todo empoderando a los aprendices por medio de la elección, la voz y la avocaría. Cuando estas se combinan para crear actividades de aprendizaje combinadas en espacios flexibles, los elementos añadidos de camino, ritmo y lugar tienen mayor influencia en la personalización que ayudará a los niños prosperar sin importar su código postal o cualquier etiqueta puesta en ellos.

Sin embargo, es el tercer cambio que cuenta la historia si una lección o tarea apoya con un riguroso y relevante aprendizaje para crear una experiencia más personal para los niños. Si los niños ven y entienden el propósito de su aprendizaje mientras se les está desafiando, harán más y mejores preguntas. Mejores resultados dependen en transformar las prácticas de enseñanza y aprendizaje de manera que involucren, motiven e inspiren a los niños. Hacer el aprendizaje algo personal es un medio para este fin.

Abordar un aprendizaje más personal puede resultar en mayor relevancia y valor para los estudiantes, conduciendo a mejores soluciones y resultados. Los avances en la tecnología ahora permiten a los educadores personalizar el aprendizaje por caminos mixtos y virtuales. Para muchos estudiantes, estos cambios definitivamente pueden mejorar su experiencia educativa. El aprendizaje personalizado y la tecnología no representan una bala de plata para todo problema dentro de nuestro corriente sistema educacional; sin embargo, cuando se implementa correcta y apropiadamente, alineado con resultados de aprendizaje más profundos, este enfoque *puede* llevar hacia una participación y demostración más profunda de lo que los estudiantes saben y pueden hacer.

La agencia estudiantil

En la New Milford High School, nosotros pudimos transformar la cultura de aprendizaje de una escuela tradicional y en el proceso lograr mejorar los resultados de los estudiantes mientras nos convertimos en un ejemplo que otras escuelas emularon. Esto se logró durante un tiempo de cambios tumultuosos cuando el movimiento de reforma de la educación comenzó a ganar fuerza. Hasta cuando surgieron los desafíos, perseveramos como comunidad escolar gracias a una visión compartida arraigada en la creencia fundamental que podríamos servir mejor a nuestros estudiantes en el futuro que lo habíamos hecho en el pasado.

> Las escuelas necesitan trabajar para nuestros estudiantes, no al revés.

En cierto modo, todos los cambios mayores realmente empezaron cuando comenzamos a involucrar a nuestros estudiantes en el proceso. Esta también fue la razón, en mi opinión, por la cual el cambio se volvió sostenible. La mayoría de las veces, el cambio es orquestado y dirigido a nivel de los adultos. A menudo se habla mucho de cuantos cambios se están encabezando en beneficio de los estudiantes, pero pocas veces se les pregunta a los mismos estudiantes por su aporte o ideas singulares. Las escuelas necesitan trabajar para nuestros estudiantes, no al revés.

Si vamos a mejorar el aprendizaje y en última instancia, los resultados basados en el salón de clase, la agencia estudiantil debería convertirse en el corazón de la cultura escolar. Se trata de empoderar a los niños para que se adueñen de su propio conocimiento (y de la escuela) por medio de más autonomía. Es impulsado por preferencia, voz y apoyo. Hemos aprendido mucho de la agencia estudiantil durante el proceso de nuestra transformación en New Milford que incluye los siguientes elementos del éxito:

AÑADIENDO EL TOQUE PERSONAL

- Desarrollar actividades de aprendizaje pedagógicamente sólidas con evaluaciones alineadas con los estándares y permitir a los estudiantes elegir las herramientas correctas para la tarea para demostrar su dominio conceptual.
- Permitir a los estudiantes co-crear las reglas y expectativas.
- Crear avenidas para que los estudiantes nos den retroalimentación honesta sobre la cultura escolar. Realicé reuniones mensuales con todos los miembros de gobierno escolar en todos los grados dándoles un foro abierto para que sugirieran ideas para mejorar. Las herramientas digitales se utilizaban para continuar la conversación. La clave, sin embargo, era el seguimiento e implementación de las ideas propuestas. Herramientas como *Mentimeter* también se pueden utilizar para recopilar datos sobre la percepción de los estudiantes.
- Implementar porfolios como medio de evaluación auténtica.
- Cuando se contratan nuevos maestros y administradores incluir estudiantes en el comité de entrevistas.
- Mientras normas que afectan a los estudiantes se crean o se actualizan, provee un foro para que los niños brinden su aporte.
- Integrar vías para el aprendizaje personalizado y personal como experiencias combinadas y virtuales.
- Establecer protocolos para que los estudiantes sugieran nuevos cursos y ofrecer actividades extracurriculares.
- Implementar Academias o Pequeñas Comunidades de Aprendizaje (*Small Learning Communities, SLC's*), un modelo escuela-dentro-de-escuela.
- Permite que los estudiantes elijan libros para lecturas independientes basado en sus intereses y nivel de lectura.

Un cambio significante debe comenzar con la participación activa del estudiante. El apoyo, preferencia y voz deben ocurrir en el aula, así como en todo el ambiente escolar. La relevación y el valor son percibidos por nuestros estudiantes como elementos centrales para el éxito. Apartémonos de las frases pegajosas y los clichés y empecemos a implementar estrategias sólidas que preparen a nuestros estudiantes para un mundo en constante cambio.

Los ingredientes principales

Para iniciar el movimiento hacia la personalización es importante comprender todos los elementos que están interconectados, como están representados en la página 88.

Entorno de la enseñanza
El entorno de aprendizaje es central al aprendizaje personalizado. El factor más importante que influye esto es la relación maestro-estudiante. También lo influye la cultura escolar y las decisiones del liderazgo a nivel de administradores y maestros, tales como las políticas, procedimientos, horarios y facilidades que tratan a los estudiantes como individuos únicos, incluyendo donde y cuando los niños aprenden. La tecnología puede, en muchos casos, ser un componente central, pero como ya he dicho, sólo es un acelerador de la enseñanza, no un conductor de la enseñanza. Unos ejemplos específicos de ambientes de aprendizaje que fomentan un enfoque más personalizado incluyen:

- Salón de clase y espacios flexibles
- Horarios innovativos
- Sin campanas
- Cursos virtuales o caminos
- Programas de empleo e internados
- Academias y pequeñas comunidades de aprendizaje
- Clases y espacios exteriores
- Excursiones
- Trae tu priopio dispositivo /*Bring Your Own Device* (BYOD)
- Realidad virtual aumentada

AÑADIENDO EL TOQUE PERSONAL

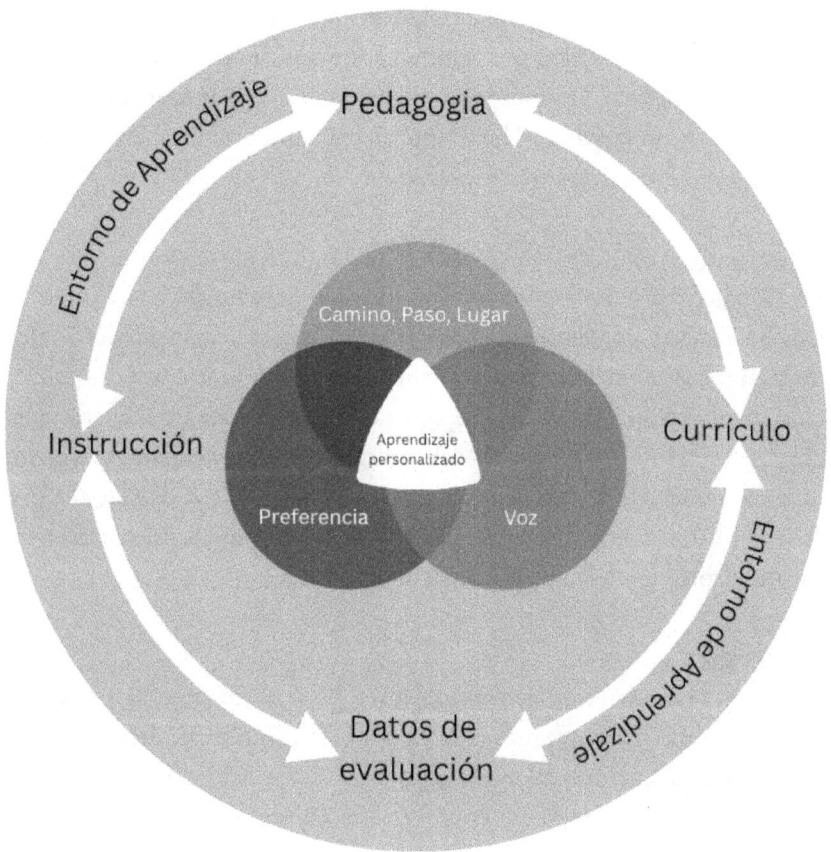

La conclusión clave aquí es que el aprendizaje personalizado es mucho más que lo que sucede en el aula o el uso de una herramienta. Debe existir la cultura adecuada para crear un entorno de aprendizaje propicio para dar rienda suelta al genio y el talento de todos los estudiantes.

Currículo

Conocimiento del contenido aun es esencial en general. Lo que los estudiantes están (y estarán) aprendiendo es importante, independientemente de las afirmaciones de unos críticos que declaran lo contrario. En algunos casos, el currículo se puede adaptar para crear una experiencia más personal para los aprendices. Un enfoque más practico es centrarse en estrategias específicas que ayudan a los estudiantes dominar el contenido más allá de los métodos tradicionales. No importa el camino que se toma, un currículo desafiante es fundamental para implementar y escalar el aprendizaje personalizado.

Instrucción

La instrucción se enfoca en "qué" – específicamente, lo que el maestro está haciendo para efectuar la enseñanza. Las estrategias pueden incluir unas maneras sencillas en que facilitamos contenidos como modelización, explicación y revisión. Se centra en las acciones del maestro en contraposición al aprendizaje del estudiante. La conclusión clave aquí es asegurarse que las estrategias de instrucción discutidas en el Capítulo 3 se están implementando para darle un sentido de relevancia, propósito y competencia al estudiante.

Pedagogía

Mientras la instrucción se trata de "que" hace el maestro, la pedagogía trata del "como" y influye mas directamente el aprendizaje del estudiante. La pedagogía incluye aspectos de la ciencia y arte de la enseñanza. Requiere que los maestros comprendan como los niños aprenden y tiene la autonomía para diseñar, implementar y acceder actividades que cubren las necesidades de todos los estudiantes. Las pedagogías efectivas, como se discutió en el Capítulo 4, involucran una gama de técnicas como el aprendizaje cooperativo, práctica guiada e independiente, diferenciación, tareas andamiadas de preguntas y desempeños, evaluaciones innovadoras y retroalimentación. No importa que estrategia se escoge, el objetivo es desarrollar un pensamiento de alto orden y metacognición a través del diálogo y la aplicación relevante.

Datos de evaluación

La evaluación determina si el aprendizaje ha ocurrido, qué se aprendió y si el aprendizaje se relaciona a los objetivos declarados, estándares y objetivos. Una evaluación bien diseñada establece expectativas claras, establece una carga de trabajo razonable (una que no empuja a los niños a abordade una rutina de repetición para estudiar), abre oportunidades para que los estudiantes se auto monitoreen, y les da a los educadores datos valorables. La mayoría de las escuelas y distritos son competentes en la recopilación de datos, por medio de pruebas de referencia y herramientas de aprendizaje adaptadas. Donde los retos y las inconsistencias surgen es en cómo se analizan esos datos y después se usan efectivamente para personalizar el aprendizaje. A continuación, los puntos iniciales para responder mejor a los datos que se recopilan:

- Agrupando y reagrupando
- Instrucción con un objetivo
- Diferenciación
- Tareas escalonadas
- Reevaluación
- Opciones alternas

<u>Voz</u>

Honrando las voces de los estudiantes y permitiéndoles tener voz durante el proceso de aprendizaje es un principio central en la agencia estudiantil. Se puede definir como la aportación o liderazgo de los estudiantes en la instrucción, estructuras y políticas escolares que pueden promover cambios significantes en los sistemas de educación, práctica y/ políticas empoderando a los estudiantes como agentes de cambio, muchas veces actuando como socios con los educadores adultos (Benner et al., 2019).

En el salón de clases, se puede facilitar planteando preguntas o problemas que resolver y después permitiendo a los estudiantes utilizar herramientas digitales para responder con un texto, video, audio, dibujos, imágenes y *gifs*. Hacer que cada estudiante responda individualmente en un tablero blanco y después levantarlos para que los maestros los vean es un ejemplo no-tecnólogo. En muchos casos la voz se puede amplificar por medio de la anonimidad que es crítica para estudiantes que son introvertidos o tímidos. También se les puede brindar oportunidades para compartir opiniones sobre el diseño del salón de clases, las asignaciones y la retroalimentación. La voz del estudiante incluye cualquiera acción que empodera al estudiante o estudiantes hacer que se escuchen sus voces al darle forma a su proceso de aprendizaje. Lo más importante aquí es que todos participen en el salón y se sientan más como parte de esa experiencia.

Preferencia

La preferencia puede ser uno de los menos complicados componentes del aprendizaje personalizado. La preferencia puede venir en la manera que los estudiantes escogen la herramienta correcta para la tarea correcta para demostrar pensamiento, escogiendo donde sentarse en un aula con asientos flexibles o decidiendo cuanto tiempo dedicarle a ver una lección invertida [11]. También se puede manifestar en los modelos de aprendizaje como los menús, debe hacer/puede hacer, tableros de escritura y listas de reproducciones que discutiremos más adelante en este capítulo. En una escuela donde enseñé, hasta permitíamos que los estudiantes escogieran cambiarse de una clase de cara a cara que ofrecíamos en el edificio por un curso virtual que no ofrecíamos.

Camino, ritmo, lugar

Si todos los niños están haciendo la misma cosa, de la misma manera, al mismo tiempo, no se está cumpliendo con las necesidades de los individuos. Arrojar la tecnología en la mezcla no es una solución pedagógica. Diré esto de nuevo, colocar a todos los niños en un aparato para usar una herramienta tecnológica llamándolo aprendizaje personalizado actualmente es contraproducente al aprendizaje personalizado del estudiante. Las tres "P" – Camino (Path), Ritmo (Pace) y Lugar (Place) nos dan más flexibilidad para enfatizar y acercarnos más al aprendizaje permitiendo a los niños que sigan su propio camino a su propio paso mientras se les concede el lugar óptimo en que aprender.

El camino puede venir en la forma de un currículo personalizado, cursos virtuales asíncronos, escoger el orden en una lista de reproducción o estudio independientemente. Permite a los estudiantes progresar hacia estándares basados en los más altos niveles de competencia, interés y objetivos. En mi escuela anterior, los estudiantes podían escoger su camino individual para aprender algo nuevo a través del nuestro programa de Material Didáctico Abierto Independiente/*Independent Open Courseware Study (IOCS) (bit.ly/IOCSNMHS)*. El paso es tan sencillo como permitir que los estudiantes trabajen en sus actividades, autogestionando el tiempo para lograr la maestría. En muchos casos se establece un periodo de tiempo en las aulas mientras los alumnos trabajan en actividades de los modelos del aprendizaje mixto. Algunos niños necesitan más tiempo, otros menos. El lugar se refiere a donde los niños aprenden, y puede incluir asientos flexibles, pasillos, áreas externas, domicilios o espacios virtuales.

La siguiente imagen enfatiza aspectos claves de los cinco elementos centrales en promover la agencia estudiantil:

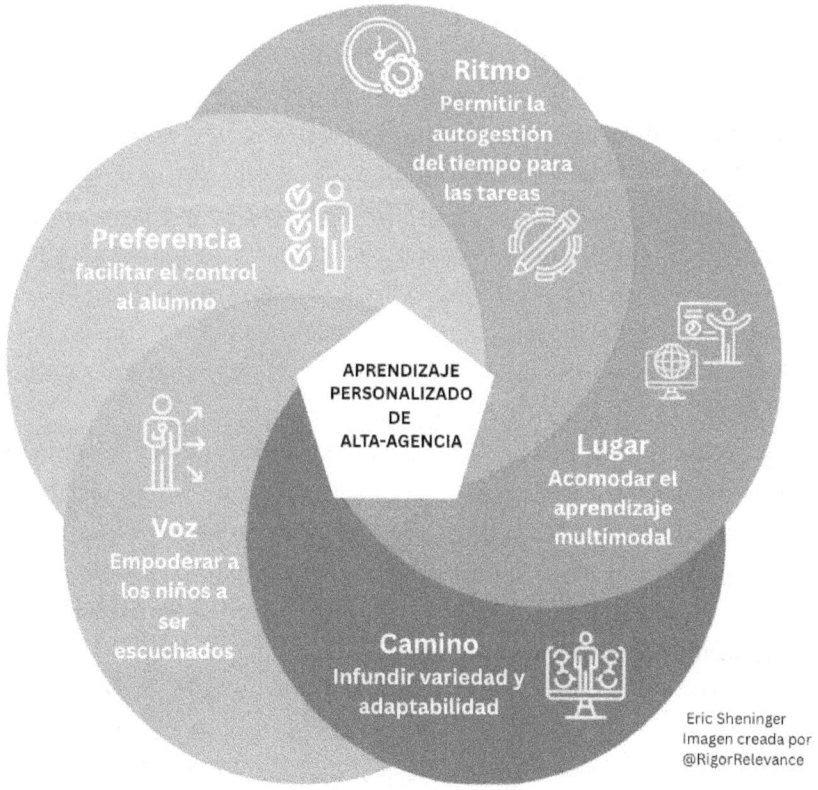

Eric Sheninger
Imagen creada por
@RigorRelevance

Como muchas cosas en la educación, las organizaciones y las personas complican los conceptos más de lo que verdaderamente son, o crean un una visión y definición que sólo llena sus necesidades u objetivos, no los de sus estudiantes. El aprendizaje personalizado se trata de satisfacer las necesidades de los estudiantes y potenciar los puntos fuertes e intereses del aprendizaje individual. También es una manera de garantizar la equidad, porque todos los estudiantes estarán recibiendo lo que necesitan cuando y donde lo necesitan para tener éxito.

Las pedagogías combinadas o mixtas como una forma de personalizar

Recuerdo en 2012 cuando empezamos a implementar las estrategias de la pedagogía combinada en mi antigua escuela. En ese tiempo, el enfoque en las lecturas introvertidas era popular y mejor adaptado a los recursos que teníamos y a los grupos de las edades que teníamos. El objetivo era hacer la experiencia del aprendizaje más personal para nuestros estudiantes mientras cumplíamos mejor con sus necesidades individuales en el proceso. En nuestro caso, esto era usar el tiempo con más eficiencia durante el día escolar para transferir el balance del poder de la instrucción (centrada en el maestro) hacia el aprendizaje (centrado en el estudiante). Mucho ha cambiado desde el 2012 cuando se trata del aprendizaje mixto. Mientras la tecnología ha evolucionado, también muchas de las oportunidades inherentes en esta estrategia.

Con las propias condiciones en su lugar, el aprendizaje combinado es una de muchas estrategias que pueden añadir un nivel más alto de personalización para los estudiantes. Sin embargo, parece que hay un poco de confusión en lo que es el aprendizaje mixto o las condiciones que se deben establecer para mejorar la retroalimentación, instrucciones diferenciadas y aprendices empoderados. Gran parte de aquello que los educadores llaman aprendizaje combinado es actualmente enseñanza combinada. La diferencia es sutil, pero importante. La instrucción combinada es lo que el maestro hace con la tecnología. El aprendizaje combinado ocurre cuando los alumnos utilizan la tecnología para ejercer control sobre el camino, lugar, y paso de su aprendizaje.

Para mí por lo menos, la susodicha distinción le da una gran cantidad de contexto a la discusión sobre cómo la tecnología puede mejorar el aprendizaje para nuestros estudiantes. No es necesariamente una mala práctica integrar herramientas digitales a sus instrucciones. Con tal que las preguntas se enfoquen en los más altos niveles de conocimiento, los estudiantes pueden mostrar lo que entienden usando herramientas digitales y eso es bueno. Sin embargo, esto no es aprendizaje combinado. Si los estudiantes genuinamente son dueños de su aprendizaje entonces deben tener algún nivel de control sobre su camino, lugar y paso mientras reciben más retroalimentación con relación a los estándares de maestría y el logro de conceptos.

El cambio significante en el cual deberíamos enfocar es en lo que está haciendo intencionalmente el estudiante con la tecnología que se le provee. La agencia estudiantil está en el centro del aprendizaje combinado efectivo. También es importante que apoye el aprendizaje a un alto nivel, provee mejores métodos de evaluación y mejora la retroalimentación. La instrucción mixta es un comienzo, pero el aprendizaje mixto es mucho más impactante.

Cuando trabajamos con educadores en el aprendizaje combinado, siempre enfocamos primero y sobre todo en asegurarnos que un diseño pedagógico sólido siempre será una base para todo lo que sigue.

Estrategias de la instrucción efectiva que son ampliamente aceptadas cuando se trata de la pedagogía sólida siempre serán un componente fundamental. Cuando creas o evalúas las actividades combinadas, ¿se incluyen estas de una forma u otra? Si no, piensa donde existe una oportunidad para crecer. Cuando cambiamos de enseñar un grupo entero al aprendizaje combinado, piensa como las estrategias discutidas en los capítulos anteriores se pueden incorporar como parte de la enseñanza de pequeños grupos mientras el resto de la clase está ocupada en otras actividades. El valor de comprobar la comprensión, el apoyo dirigido por medio de la diferenciación, la retroalimentación y la evaluación todos se pueden ampliar.

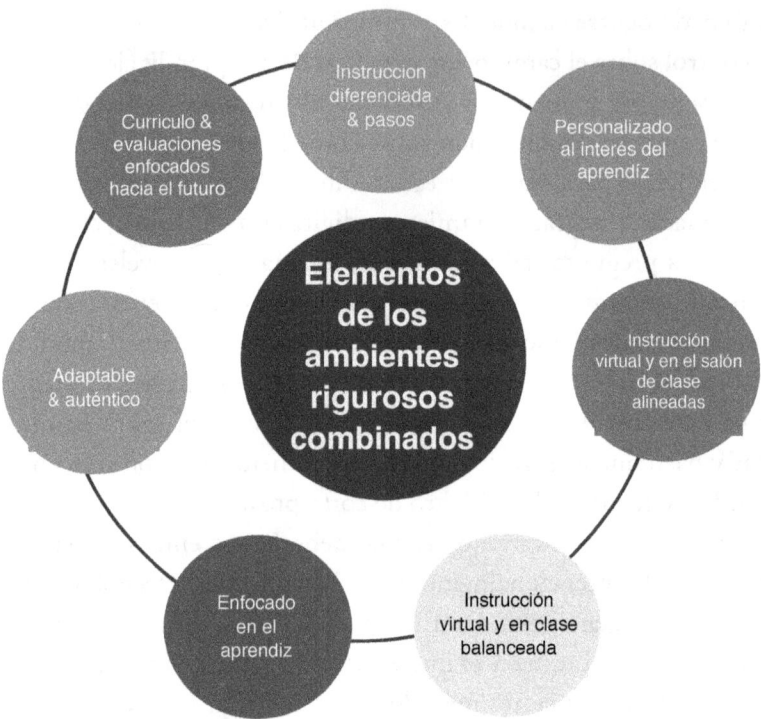

La pedagogía esencial – incluyendo estrategias, elementos, modelos y apoyos (herramientas) – deben ser priorizados para que el aprendizaje combinado florezca.

El poder autentico de una pedagogía sólida de actividades combinadas es para empoderar a los niños que se adueñen más de su aprendizaje mientras hacen su experiencia en la escuela más personal. Muchos de estos elementos requieren una mayor agencia estudiantil (preferencia, voz, camino, paso y lugar), incorporando un ambiente de aprendizaje flexible y crear tareas que incluyen el uso de la tecnología con el propósito de colaborar, comunicar y crear, también te darás cuenta de que algunos son intercambiables. Por ejemplo, muchas actividades de calidad combinadas permiten a los estudiantes un cierto nivel de escoger su camino de aprendizaje. Ten en mente que un elemento podría apoyar o mejorar otro.

Hay muchos modelos del aprendizaje personalizado disponibles que se pueden usar efectivamente, así como muchas estrategias de las

AÑADIENDO EL TOQUE PERSONAL

cuales los educadores pueden escoger. En teoría, estas suenan genial, pero implementarlas a una práctica es una bestia totalmente diferente. Algunos de los modelos más populares que veo que se están usando a un nivel alto de eficiencia en las escuelas son:

- Rotación de las estaciones
- Tableros de elección
- Listas de juegos
- Aula invertida

Con la rotación de estaciones, los estudiantes se les agrupa basados en datos y se mueven a través de una variedad de actividades establecidas que consisten típicamente de la instrucción dirigida de educador, ejercicios en colaboración, trabajos independientes y tareas en línea que han sido personalizadas para cada estudiante. El maestro fija un bloque de tiempo para cada estación y los estudiantes las visitan durante la clase seguido por algún tipo de evaluación. Los grupos son dinámicos, no estáticos, los cambios siendo determinados por las evaluaciones en curso y el análisis de datos. Una plantilla lista para usar se encuentra en: bit.ly/SRtemp

Los tableros de elección permiten al estudiante seleccionar un número determinado de actividades para completar de un gran número de opciones. En muchos casos, son nueve tareas de las cuales tres se tienen que completar. Sin embargo, el maestro también puede desarrollar una asignatura que todos los estudiantes deben completar seguido por un número de elecciones determinadas para completar cuando termina. No importa que opción se usa, es importante escalonar y diferenciar las tareas y al completarlas, hacer que cada aprendiz complete una actividad de evaluación formativa. Cuando estas desarrollando un tablero de elección considera lo siguiente:

- Usa una plantilla prefabricada que se puede crear o adquirir por una búsqueda en Google. Para ver unos ejemplos visita: bit,ly/CBtemplates

- Usa un cronómetro para controlar el ritmo y la autogestión
- Detrás de la escena, el maestro trabaja con los estudiantes que necesitan asistencia dirigida.
- Agrega enlaces a tu Sistema de Gestión de Aprendizaje (Google Classroom, Canvas, Schoology, Microsoft Teams, etc.) para ver a los estudiantes trabajar y hacerlos responsables.
- Monitorear regularmente para asegurar comportamiento conforme a la actividad.
- Crear una evaluación formativa escalonada para todos los estudiantes una vez que han terminado (tres preguntas o más que se ponen más difícil).
- Si los estudiantes terminan los asesoramiento de elección y formativos requeridos, hazlos escoger otras actividades que completar. Considera usar Google Slides y agrega anchor charts o un contenido esencial o gráficos de anclaje para revisar o asistir en completar el tablero.

Las lista de juegos son relativamente fácil de implementar. Después de la instrucción al grupo entero, el maestro desarrolla una serie de tareas individualizadas que los estudiantes trabajan a su propio paso mientras siguen el camino que ellos escogieron. El tiempo que dura esto varía, pero normalmente se termina en pocos días. Cuando los estudiantes terminan su tarea, o marcan la casilla correspondiente en la hoja digital junto a su nombre o marcan cada casilla en su hoja de trabajo de papel. Mientras gran parte de la clase progresa por la lista de juegos, el maestro puede trabajar uno a uno con los estudiantes que necesitan más asistencia. A diferencia de un tablero de opciones, los estudiantes completan todas las tareas en una lista de reproducción (playlist). Las siguientes directrices describen algunas de las mejores prácticas para crear listas de juegos para el aprendizaje efectivo:

- Proveer instrucción directa antes de introducir un contenido nuevo por medio de una mini-lección o un enfoque invertido.

AÑADIENDO EL TOQUE PERSONAL

- Hacer una lista de tareas en un sistema de control de aprendizaje (Canvas, Schoology, Google Classroom) y usa Google Sheet para que los estudiantes lo marquen una vez que han terminado la tarea. En aquellos casos donde la equidad digital es un problema, estas se pueden listar en un papel distribuido, mientras cualquier actividades que involucran la tecnología tendrían que ser reemplazadas.
- El andamiaje de preguntas y actividades para mejorar el nivel de pensamiento necesario.
- Crear la oportunidad de resolver problemas relevantes para infundir un mejor propósito al brindar los desafíos apropiados.
- Usar los datos para determinar la necesidad de un apoyo uno a uno o a un grupo pequeño.
- Hay que asegurar un balance entre las opciones tecnológicas y no tecnológicas.
- Integrar herramientas adaptivas que responden a las fuerzas y debilidades de los estudiantes mientras proveyendo datos que se pueden utilizar para formar grupos y cambios en las instrucciones.
- Si es posible, diferenciar proveyendo múltiple versiones que tratan las necesidades específicas de los aprendices mientras se les proporcionan diferentes caminos.
- Crear una evaluación formativa simple que los estudiantes completarán cuando hayan terminado todas las actividades en su lista de juegos. Esto puede consistir simplemente de tres preguntas andamiadas. No sólo le da cierre, pero también nos da una idea si los estudiantes se involucraron en todas las tareas.

Las lecciones invertidas son aquellas en las que los estudiantes ven un breve video de instrucción directa o consumen otros tipos de contenido fuera de la escuela a su propio ritmo, mientras se comunican con sus compañeros y maestros mediante herramientas en línea. Mientras están en la escuela, los estudiantes trabajan para aplicar activamente lo que han aprendido a través de la participación en conceptos y actividades de aprendizaje enriquecedoras, con la asistencia del maestro. Las lecciones invertidas permiten que los docentes se conviertan en facilitadores del aprendizaje, alejándose del enfoque tradicional de "sabio en el escenario". Uno de los objetivos del modelo de aprendizaje invertido es maximizar el tiempo dedicado al aprendizaje real dentro del aula.

No faltan herramientas disponibles que pueden utilizarse dentro de los modelos mencionados anteriormente, siempre que exista una base pedagógica sólida. La clave es no quedarse atrapado en la instrucción combinada, sino avanzar hacia un verdadero aprendizaje combinado. Se puede acceder a una lista de herramientas populares que he visto utilizar eficazmente y que se actualiza con regularidad en bit.ly/edtechdisrupt. Todas estas son excelentes opciones que pueden alinearse con las estrategias mencionadas. Cuando se trata de diferenciación y evaluación sumativa, recomiendo la integración de herramientas de aprendizaje adaptativo. Sí, esto tiene un costo, pero permite que los estudiantes avancen según su nivel de habilidad, y los datos recopilados pueden usarse en grupos pequeños para proporcionar instrucción personalizada.

Aprendizaje combinado en el aula

Un día, estaba realizando algunas visitas de observación con el equipo administrativo en una escuela primaria a las afueras de Houston, Texas, como parte de un trabajo longitudinal que se extendió por tres años. A lo largo de cada año escolar, nuestro trabajo se centró en la pedagogía digital en relación con el aprendizaje combinado y el uso de espacios flexibles. El objetivo principal era analizar críticamente el diseño instruccional con un enfoque en sentar las bases para un pensamiento disruptivo. No puedo enfatizar lo suficiente la importancia de perfeccionar primero el diseño instruccional antes de incorporar la tecnología.

Un objetivo secundario era facilitar la transición de la instrucción combinada al aprendizaje combinado. Como mencioné anteriormente, esto no significa que la instrucción combinada sea ineficaz, sino que depende de si la tecnología se usa únicamente como un sustituto directo de tareas tradicionales de bajo nivel. La combinación dinámica de un aprendizaje combinado con bases pedagógicas sólidas y la posibilidad de elegir dónde sentarse o moverse en espacios flexibles crea un entorno en el que todos los niños pueden prosperar y sentirse motivados para aprender.

A lo largo de mi tiempo trabajando con los educadores de la escuela, observé un gran crecimiento y mejora, hasta el punto de que comenzamos a ver el futuro de la educación en el presente. A diferencia de nuestras primeras visitas de observación, en esta ocasión los docentes no sabían que estaría en el edificio. La idea era comprobar si los objetivos de pedagogía digital y aprendizaje combinado se estaban cumpliendo.

Durante las visitas de observación, constantemente observamos a los estudiantes comprometidos activamente en un aprendizaje significativo. En un aula de 4º grado, vimos una cuadrícula de Tres en Línea (Tic Tac Toe) proyectada en la pizarra interactiva. Este método permite a los estudiantes elegir el tipo de productos que completan para demostrar su conocimiento. Al igual que en un juego tradicional de Tres en Línea, los estudiantes tienen una tabla de nueve casillas con diferentes opciones. El maestro debe asegurarse de que todas las opciones aborden los conceptos clave que se están aprendiendo.

Existen varias variaciones de esta metodología: 1. Los estudiantes eligen tres opciones de productos que formen una línea horizontal, vertical o diagonal. 2. Los estudiantes deben elegir una opción de producto de cada fila o de cada columna (sin formar una línea recta). 3. El maestro puede crear dos o más versiones para adaptarse a los diferentes niveles de preparación de los estudiantes.

Esta actividad incorpora elección, evaluación formativa, uso intencional de la tecnología y diferenciación. En la versión de esta clase en particular, todos los estudiantes debían completar la casilla central, que tenía un emoji de estrella dorada. Los íconos de llamas representaban actividades de mayor dificultad. Puedes ver una imagen de esta tabla de opciones y muchas otras en el enlace de recursos al final de este libro.

Es importante recordar que la tecnología debe ser solo un pequeño componente de una actividad de aprendizaje combinado eficaz cuando se consideran las estrategias, elementos y modelos descritos anteriormente en este capítulo. En este ejemplo, solo tres de las nueve opciones involucraron tecnología. Se enfatizó la autonomía para democratizar mejor la experiencia. Los estudiantes exploraron y demostraron altos niveles de comprensión relacionados con los conceptos mientras construían nuevos conocimientos. En cuanto al componente tecnológico, se trata de lo que los niños hacen con la tecnología para aprender de maneras que no podrían sin ella. El aprendizaje combinado hace que esto sea una realidad.

Estaba tan concentrado en la estructura de la lección y el compromiso de los estudiantes que casi me pierdo lo que posiblemente podría haber sido la mejor parte de la clase: una oportunidad para reflexionar. Una vez que los estudiantes completaron la tabla de opciones, debían responder a los siguientes enunciados:

- Hoy lo hice bien en _____
- Lo hice bien porque _____
- Después de hoy necesito trabajar en _____
- Lo haré _____

Es importante entender la convergencia de tantos elementos presentes en los ejemplos anteriores que se alinean con un diseño instruccional sólido y un verdadero aprendizaje combinado. Los estudiantes tuvieron cierto control sobre el camino, el ritmo y el lugar gracias al uso de los espacios flexibles y la actividad de Tres en Línea que incorporó elementos combinados. Este es un sello distintivo de una actividad de aprendizaje combinado bien estructurada, al igual que la elección, los asientos flexibles y la voz, los cuales también estuvieron presentes en el aprendizaje que observamos.

A lo largo de mi tiempo trabajando en la escuela, he visto innumerables ejemplos similares de actividades ejemplares de aprendizaje combinado implementadas por los maestros en todos los niveles educativos. Por tan fabulosos como han sido los maestros de la escuela al implementar experiencias de aprendizaje transformadoras para sus estudiantes, esto no habría sido posible sin la visión y el apoyo de un equipo administrativo excepcional que estaba presente en la escuela. Ellos brindaron un apoyo inquebrantable a sus maestros mientras también aprendían junto a ellos. Cuando toda una escuela cree en hacer las cosas de manera diferente, toma acción colectiva, crece junta a lo largo del proceso y recopila evidencia para mostrar mejoras, el resultado es la eficacia en acción.

La personalización en acción

Mientras trabajaba con otro distrito en su iniciativa de Aprendizaje Personalizado, vi de primera mano cómo el apoyo continuo, integrado al trabajo y dirigido lleva a cambios asombrosos en la práctica. En una ocasión, algunos administradores del distrito y yo visitamos varias aulas. Vimos algunos ejemplos sólidos de rotación de estaciones, pero en general, había mucho espacio para crecer en términos de personalización del aprendizaje de los estudiantes.

Más tarde, la oficina del distrito organizó arregló para que yo facilitara una sesión de dos horas centrada en los elementos clave y las estructuras del aprendizaje personalizado abordados en este capítulo. Después de la sesión, un equipo de maestros de segundo grado se quedó para comenzar a planificar cómo implementar lo que habían aprendido. Pasaron varios meses más antes de que nuevamente tuviera la oportunidad de visitar las aulas de la escuela. Notamos un crecimiento significativo en todas las aulas, pero el equipo de segundo grado destacó como excepcional en cuanto a lo que cada uno estaba haciendo. Vimos personalización en cada aula.

En algunos casos, pudimos ver cómo los maestros habían co-planificado, mientras que otros siguieron su propio camino. Vimos a los estudiantes agrupados por habilidad, accediendo a los tableros de elecciones digitalmente en sus iPads una vez que completaban las tareas especificadas. Los maestros incluso pudieron monitorear el progreso en Apple Keynote y empujar a los estudiantes a otras tareas si se quedaban demasiado tiempo con una sola opción. Cuando terminaban una tarea, los estudiantes arrastraban una "X" sobre ella. En otros casos, los estudiantes enviaron evidencia en video y audio a través de Keynote en ELA y matemáticas. Otro maestro tenía preguntas esenciales mapeadas para toda la semana y reflexiones diarias en las que los niños proporcionaban evidencia de lo que habían aprendido. La voz fue valorada mediante el uso efectivo de Nearpod durante una sesión grupal.

A medida que continuaba procesando lo que vi, me di cuenta de que lo mejor sería capturar de cada maestro por qué decidieron cambiar, cómo cambiaron específicamente y qué resultados han visto de estos cambios. Aquí están sus reflexiones:

Ranell Whitaker

Nuestro equipo de segundo grado estaba muy emocionado por la primera visita que tuviste en la escuela Snow Horse Elementary. Nos mostraste algunas imágenes de las tablas de opciones durante tu presentación que realmente me inspiraron. Yo había estado usando el Daily 5 en mi aula durante varios años con un horario muy rígido y tareas exactas que cada estudiante debía completar dentro de su tiempo de 15 minutos. Sentía que estaba funcionando bien, pero nunca sentí que hubiera suficiente tiempo para trabajar con un grupo pequeño o individualmente con los estudiantes. Los estudiantes también estaban frustrados porque algunos no podían terminar las tareas dentro del tiempo dado, y algunos tenían demasiado tiempo, y no sabían en qué trabajar o empezaban a distraer y a interrumpir a los demás. Miré las tablas de opciones que nos mostraste y supe que podríamos implementar algo similar. La noche de tu presentación, fui a casa y creé mis propias tablas de opciones para el día siguiente para matemáticas y artes del lenguaje, y comenzamos a implementarlos al día siguiente. ¡A mis estudiantes LES ENCANTÓ elegir qué actividad trabajarían y cuándo lo harían! Noté que los estudiantes estaban más comprometidos y emocionados con lo que estaban haciendo porque ¡tenían una ELECCIÓN! Y lo mejor de todo, dejé de escuchar: "Maestra, ¿qué debo hacer ahora?"

Comencé con un enfoque más estructurado para las tablas de opciones y cada estudiante tenía una versión impresa para marcar los elementos que

AÑADIENDO EL TOQUE PERSONAL

completaban. Después de varias semanas de prueba y error con las actividades de las tablas de opciones, ahora siento que los estudiantes tienen actividades y juegos emocionantes que les ayudan a sobresalir y alcanzar sus metas, todo mientras eligen actividades que los desafían. Las actividades incluyen repaso, práctica extra y enriquecimiento. He permitido que los estudiantes usen el tiempo que necesiten para sus actividades sin problemas. Cuando terminan una actividad, están emocionados por empezar una nueva opción.

Hace solo un mes, decidimos digitalizar las tablas de opciones usando Keynote. Fue un cambio de juego. Ahora los estudiantes pueden tener sus tablas de opciones directamente en sus iPads y mostrar su trabajo subiendo fotos de su trabajo o insertando una captura de pantalla directamente en la tabla de opciones. Cada lunes les envío una nueva tabla de opciones para la semana y, luego, el viernes me la envían de vuelta a través de AirDrop o Apple Classroom. Ya no tengo que hacer miles de copias de hojas de trabajo y tablas de opciones para que los niños los entreguen. Ahora entregan solo una tabla de opciones al final de la semana, y puedo ver exactamente qué lograron en el tiempo que se les dio. Si noto que un estudiante no ha completado gran parte de su tabla de opciones, puedo apartarlo y hablar con él sobre cómo está usando su tiempo y cómo puede mejorar. Si un estudiante elige la misma opción todos los días, puedo hablar con él y desafiarlo a probar algo nuevo. También puedo asignar fácilmente opciones específicas como "obligatorias" si considero que es necesario.

En general, este cambio realmente me ha permitido trabajar con cada niño en mi aula **TODOS LOS DIAS.** *Puedo reunir a un grupo cuando lo necesito, y los estudiantes que llamo pueden volver rápidamente a lo que estaban haciendo cuando terminan de trabajar conmigo. Ya no intento meter la mayor cantidad de información posible en sus mentes en solo 15 minutos, y los estudiantes pueden dedicar tanto tiempo como necesiten a una tarea (algo que quieren hacer para poder pasar a la siguiente actividad que elijan). Además, ya no siento la presión del límite de tiempo como antes con las rotaciones cronometradas. Estoy encantada con las opciones que mis estudiantes hacen para desafiarse a sí mismos, y estoy muy feliz con el crecimiento y el progreso que han mostrado en los últimos meses. Mis estudiantes* *han aprendido la alegría de completar una tarea y han desarrollado un gran sentido de responsabilidad y compromiso con su propia educación.*

Jonna Sutterfield

Cuando viniste a visitarnos en otoño, lo que dijiste fue emocionante y, sinceramente, simplemente lo creí. Fue revelador pensar que, sí, los estudiantes pueden tomar sus propias decisiones sobre cómo quieren aprender y, más importante aún, abrió caminos para que los estudiantes expliquen su aprendizaje a su propio nivel. Esto ha dado confianza a mis estudiantes para mostrarme su forma de entender las cosas. Ese día marcó a mi equipo y a mí, y estábamos muy emocionados de implementar el aprendizaje personalizado.

Hoy viste cómo suele ser nuestra clase de matemáticas. Los estudiantes comenzaron en el nivel en el que yo quería que estuvieran. Por ejemplo, un problema de desafío en grupo pequeño con una tarea obligatoria para realizar. Una vez que completaban esa tarea, pasaban a sus tablas de opciones digitales para completar actividades por su cuenta. Dentro de las tablas de opciones de matemáticas hay una variedad de actividades entre las que pueden elegir. Saben dónde encontrar desafíos más avanzados, prácticas adicionales, juegos, etc., para profundizar su aprendizaje. En la mayoría de los casos, los estudiantes eligen sabiamente, aunque en algunas ocasiones siento que debo motivar a algunos para que prueben algo nuevo o, en otros casos, simplemente para que tomen decisiones.

Sus tablas de opciones son completamente digitales y las tienen en sus iPads. Hacen un registro diario de sus actividades y, los viernes, me los envían de vuelta. Hago una revisión rápida (generalmente ya sé lo que están haciendo a diario), así que es más bien una verificación adicional. No los califico, excepto por la participación. Estas opciones están diseñadas para que los estudiantes implementen por su cuenta lo que están aprendiendo en clase y lo practiquen.

Lo más importante que he aprendido del aprendizaje personalizado, y que siempre comparto con otros, es cuánto me ha permitido satisfacer mejor las necesidades de mis estudiantes. Ahora puedo trabajar con grupos pequeños todos los días para reenseñar o verificar la comprensión. Me encanta poder ver su aprendizaje en tiempo real. Se mueven, prueban cosas nuevas y aprenden a trabajar de manera independiente y, en ocasiones, en pareja. Al estar más accesible para ellos, me encanta que más estudiantes estén alcanzando sus objetivos de aprendizaje. Además, tengo una comprensión más profunda de su progreso, lo que me ayuda a encontrar nuevas formas de desafiarlos y motivarlos a probar algo diferente.

También noto que los estudiantes están más comprometidos con lo que hacen. Las tablas de opciones de matemáticas y la tabla de opciones del Daily 5 son algunos de sus momentos favoritos. Se emocionan al poder moverse y participar en una variedad de actividades de aprendizaje.

Erin Fuller

Me encantan mis tablas de opciones de matemáticas. Después de que nos aventuramos y creamos la primera, me sorprendió lo mucho que a los estudiantes les encantaba elegir cómo querían aprender. También me encanta cómo esto me libera para ayudar a cada niño, ya sea desafiándolos o volviendo a enseñarles algún concepto.

Durante mi bloque de matemáticas los lunes, comenzamos un nuevo capítulo sobre suma de tres dígitos. Siempre inicio con una lección explícita, comenzando con la pregunta esencial. Utilizo Keynote para crear mis tablas de opciones de matemáticas. La primera diapositiva presenta las preguntas esenciales de toda la semana. La segunda diapositiva es la tabla de opciones con el que trabajan diariamente. La tercera diapositiva es la más importante para mí. Aquí es donde los estudiantes me muestran lo que saben cada día. Pueden grabarse en video explicando el concepto o hacer una grabación de audio respondiendo una pregunta de la lección.

En las tablas de opciones, la fila del medio incluye las actividades obligatorias que los estudiantes deben hacer cada día: practicar fluidez, realizar práctica independiente y trabajar 10 minutos en nuestro programa de matemáticas diferenciado. En las filas superior e inferior, agregué opciones para que los estudiantes lleven su aprendizaje a un nivel más personal.

En esta diapositiva, he incluido las X, marcas de verificación y espacios para imágenes para que puedan mostrarme cómo están aprendiendo durante la semana. Si hay algo específico que quiero que haga un estudiante, lo encierro en un círculo en su tabla para hacerle saber que espero ver esa tarea *completada. Decidí cambiar el formato de una tabla de diario a semanal, de modo que los estudiantes sólo puedan hacer una actividad por semana en lugar de repetir lo mismo cada día. He trabajado mucho para desafiar a ciertos estudiantes con actividades de enriquecimiento y, al mismo tiempo, incluir actividades para llenar brechas en el aprendizaje de otros. Otra cosa que me encanta es que los estudiantes pueden marcar si trabajaron conmigo porque lo necesitaban o si eligieron pedir ayuda por su cuenta.*

La última diapositiva es muy informativa para mí, ya que puedo ver rápidamente si han comprendido al hacer que respondan preguntas específicas. Esta es la parte más valiosa para mí porque puedo identificar de inmediato qué estudiante lo ha entendido y quién no. Si me preocupa el progreso de un estudiante antes de que termine la semana, simplemente tomo su iPad y escucho el video que hicieron ese día, lo que me permite darles retroalimentación inmediata. Esto también es útil si necesito hablar con un padre sobre una preocupación. Además, es beneficioso cuando un padre me dice que su hijo está aburrido y que no se siente desafiado. Puedo mostrarles su tabla de opciones y hablar sobre cómo han elegido no desafiarse a sí mismos.

Mis tablas de opciones, no sólo los de matemáticas sino también mis tablas de opciones del "Daily Five", han cambiado mi forma de enseñar. Sé en qué nivel están mis estudiantes y qué están haciendo para aprender. Esto me da la libertad de trabajar de manera individual o en pequeños grupos en función de sus necesidades reales, en lugar de basarme únicamente en lo que creo que necesitan después de una lección grupal. Antes, nunca había podido saber de inmediato en qué nivel académico se encontraba cada uno de mis estudiantes.

<u>Jana Vanborn</u>

Hoy en mi aula, creé un Nearpod para mis estudiantes. Esta semana estamos leyendo sobre diferentes regiones en el mundo, y quería construir algunos conocimientos previos antes de comenzar a leer historias. El Nearpod incluía excursiones virtuales, preguntas abiertas, dibujos y más. He descubierto que durante una discusión típica en el aula, siempre participan los mismos estudiantes y los mismos estudiantes se "desconectan". A mis estudiantes les ENCANTA aprender a través de Nearpod. Es más probable que se involucren en el aprendizaje y reciba una respuesta de cada estudiante. Como maestra, he descubierto que es muy valioso obtener una respuesta de cada estudiante porque, por lo general, siempre hay al menos uno o dos que no entienden qué hacer o cómo responder una pregunta. Ahora puedo conversar rápidamente con ellos para ayudarlos a retomar el camino.

Ya sea personalizando estrategias pedagógicas o técnicas de enseñanza, estos maestros ilustran cómo la implementación de enfoques innovadores puede tener un impacto positivo no sólo en el aprendizaje de los estudiantes, sino también en su propia práctica profesional. Estos maestros tomaron la información que se les proporcionó y trazaron su propio camino. Se podría decir que ellos mismos personalizaron la experiencia del aprendizaje.

Muchos estudiantes han sufrido inequidad debido a su situación socioeconómica, la falta de recursos eficientes o una pedagogía ineficaz. Si todos los niños están haciendo lo mismo, al mismo tiempo, de la misma manera y en el mismo lugar, es una señal de alerta. Ha llegado el momento de hacer algo al respecto. La equidad consiste en proporcionar a cada estudiante lo que necesita, cuando y donde lo necesita, para que pueda tener éxito. El pensamiento disruptivo nos obliga a transformar nuestras prácticas en el aula para lograr resultados más equitativos y enriquecedores para los estudiantes. El aprendizaje personalizado auténtico puede hacer esto posible.

> **DESAFÍO DISRUPTIVO #5**
>
> Crea una experiencia de aprendizaje personalizada para los estudiantes de tu aula o para los jóvenes a quienes brindas apoyo educativo. Elige entre rotación por estaciones, tabla de opciones, lista de reproducción o una lección invertida/reunión de facultad. La clave es seleccionar algo que no hayas implementado antes.
>
> Asegúrate de incluir al menos dos elementos de autonomía y andamiaje. Comparte una imagen o un enlace a tu tarea en redes sociales usando el hashtag #DisruptiveThink.

CAPÍTULO 6

Entornos que cultivan el pensamiento

"Dado un entorno rico, el aprendizaje se vuelve como el aire – está en nosotros y a nuestro alrededor."
– Sandra Dodd

Un mundo en constante cambio nos obliga a mirar las tendencias sociales como elementos inspiradores y posibles catalizadores de cambio en la estructura de nuestras aulas, así como en los diseños de programas tanto en espacios físicos como virtuales. Es un llamado a la acción que desafía a las escuelas y a los educadores a reflexionar críticamente sobre los entornos que deben encarnar una cultura de aprendizaje. ¿Cumplen con las necesidades de los aprendices de hoy? ¿Fomentan e inspiran creatividad, brindan oportunidades flexibles para aprender y abordan intereses únicos y específicos? ¿Son un reflejo de lo que los estudiantes esperarán en el mundo actual y en el futuro? Debemos mirar más allá de los constructos tradicionales e incorporar las tendencias adoptadas por empresas innovadoras de la lista Fortune 500 para transformar dónde y cuándo aprenden los niños. Cuando invertimos energía y tiempo en responder a estas preguntas, nuestras aulas se convertirán en un espacio más adecuado para empoderar auténticamente a los estudiantes, preparándolos para el éxito hoy y mañana.

Los entornos de pensamiento mejorados requieren que actuemos. Son nuestras acciones individuales y, lo más importante, colectivas, las que nos ayudarán a pasar de "lo que siempre ha sido" a "lo que posiblemente puede ser" en términos de dónde ocurre el aprendizaje. Al comenzar a desarrollar planes de acción para tu aula o escuela que aborden tanto los grandes como los pequeños desafíos de los entornos de aprendizaje, haz una pausa para reflexionar profundamente sobre el proceso involucrado. El proceso de cambio resulta en acción, pero hay muchos elementos clave que deben ser considerados para asegurar que estas acciones sean exitosas. Considera los obstáculos y desafíos actuales mientras navegas por el proceso de cambio para transformar el aprendizaje de todos los estudiantes.

Hablar, opinar y hacer suposiciones sobre los entornos de aprendizaje puede ser interesante, pero rápidamente pierden su atractivo sin acciones sustantivas que los acompañen. Examina las ideas y estrategias a las que estás expuesto con un ojo crítico. Piensa en dónde y cuándo aprendes mejor. Luego, haz algunas preguntas para ayudar a establecer un plan de acción:

+ ¿Cómo mejorará esto la enseñanza y el aprendizaje?
+ ¿Es la idea o estrategia escalable?
+ ¿Cómo beneficiará a los aprendices?
+ ¿Qué investigaciones y evidencias existen para respaldar los pasos de acción propuestos?

No te dejes atrapar en la madriguera del conejo de la superficialidad. El hecho de que algo luzca bien en Pinterest o suene genial en Twitter no significa que sea una práctica efectiva. Siempre haz una pausa para reflexionar sobre cualquier cosa a la que estés expuesto, ya sea de una conferencia, taller, presentación principal, libro, artículo, video, blog, tweet o cualquier otra fuente. Hemos aislado focos de excelencia en escuelas de todo el mundo cuando se trata de entornos de aprendizaje que empoderan a los niños a pensar de manera disruptiva, pero los focos de excelencia no son suficientes; cada niño merece esa excelencia. Si queremos preparar a nuestros estudiantes para el mundo en el que vivirán, trabajarán, aprenderán,

> El hecho de que algo lusca bien en Pinterest o genial en Twitter no significa que sea una práctica efectiva

jugarán y se conectarán, el momento de actuar es ahora.

Usando la investigación para impulsar cambios

La investigación debe ser utilizada para informar e influir en las acciones que tomamos para implementar un cambio sostenible a gran escala, ya sea en un aula, una escuela o un distrito. También ayuda a mover a aquellos que son resistentes a aceptar nuevas ideas. Un área que representa un cuerpo creciente de investigación es el diseño del espacio de aprendizaje. Estoy estudiando varias obras sobre el efecto del diseño, Barrett y Zhang (2009) comenzaron con la comprensión de que un "entorno brillante, cálido, tranquilo, seguro, limpio, cómodo y saludable es un componente importante del éxito en la enseñanza y el aprendizaje" (p. 2). Su investigación encontró conexiones directas entre el espacio de aprendizaje y los estímulos sensoriales entre los estudiantes. La evidencia de tales conexiones provino de la comprensión médica de cómo la percepción sensorial humana afecta los cálculos cognitivos. Así, Barrett y Zhang (2009) identifican tres principios clave de diseño:

1. **Naturalidad**: Los seres humanos tenemos la necesidad básica de aire, luz y seguridad. Debemos considerar el impacto de la iluminación, el sonido, la temperatura y la calidad del aire en el aprendizaje.
2. **Individualización**: Como individuos, cada uno de nuestros cerebros está organizado de manera única y percibimos el

mundo de diferentes maneras. Debido a esto, las diferentes personas responden a los estímulos ambientales de diversas formas. Por lo tanto, la oportunidad de algún nivel de elección afecta el éxito.
3. **Nivel adecuado de estimulación:** El espacio de aprendizaje puede ofrecer el "currículo invisible" que afecta los niveles de compromiso de los estudiantes. Al diseñar el espacio, es importante que los educadores no sobreestimulen y, por lo tanto, resten capacidad de concentración a los estudiantes, sino que proporcionen suficiente estimulación para mejorar la experiencia de aprendizaje.

Respaldando esta noción, un estudio de investigación de la Universidad de Salford Manchester (Reino Unido) siguió a 3,766 estudiantes en 153 aulas de primaria de 27 escuelas diferentes durante un período de tres años, analizando los elementos del diseño del aula a lo largo del tiempo. El informe encontró evidencia clara de que "las escuelas primarias bien diseñadas mejoran el rendimiento académico de los niños en lectura, escritura y matemáticas" (Barrett, Zhang, Davies, & Barrett, 2015, pág. 3). El estudio identificó una variación del 16% en el progreso del aprendizaje debido a las características físicas del aula. Además, indicó que los factores a nivel de toda la escuela (por ejemplo, tamaño, instalaciones de juego, pasillos) no tienen un impacto tan significativo como el aula individual.

Los educadores pueden descartar la idea de rediseñar los espacios de aprendizaje debido a limitaciones financieras. Sin embargo, la investigación indica que no es necesario gastar grandes sumas de dinero para lograr mejoras en la enseñanza. De hecho, se pueden realizar cambios de bajo o nulo costo que marcan una diferencia significativa. Algunos ejemplos incluyen modificar la distribución del aula, diseñar de manera diferente las exhibiciones en el aula y elegir nuevos colores para las paredes (Barrett et al., 2015). Estas estrategias basadas en la investigación y que requieren un compromiso financiero mínimo pueden ayudar a mejorar los resultados de los estudiantes.

ENTORNOS QUE CULTIVAN EL PENSAMIENTO

El efecto de los espacios de aprendizaje en diversos comportamientos —territorialidad, hacinamiento, espacio situacional y personal— ha sido el foco de investigaciones sociológicas y del comportamiento ambiental. El consenso de estas investigaciones es que el espacio en sí mismo tiene efectos físicos, sociales y psicológicos en los individuos dentro de él. Un estudio midió el impacto del diseño del aula en 12 prácticas de aprendizaje activo, incluyendo la colaboración, la concentración, la oportunidad de participar, el movimiento físico y la estimulación (Scott-Webber, Strickland, & Kapitula, 2014). Los hallazgos indicaron que diseñar espacios centrados en el estudiante permite una enseñanza y un aprendizaje más efectivos. En este estudio en particular, todos los hallazgos principales respaldaron un efecto altamente positivo y estadísticamente significativo de las aulas de aprendizaje activo en la participación de los estudiantes.

En un estudio que examinó la relación entre los escritorios de pie y el compromiso académico, los investigadores observaron a casi 300 niños de 2.º a 4.º grado durante un año escolar (Dornhecker, Blake, Benden, Zhao, & Wendel, 2015). El estudio encontró que los estudiantes que utilizaron escritorios de pie mostraron mayores niveles de participación en el aula en comparación con sus compañeros que usaban escritorios tradicionales. Los escritorios de pie son escritorios elevados que cuentan con taburetes cercanos, lo que permite a los estudiantes elegir si desean sentarse o estar de pie durante la clase. Los estudios iniciales mostraron un aumento del 12% en el compromiso con la tarea en las aulas con escritorios de pie, lo que equivalía, en promedio, a 7 minutos adicionales por hora de tiempo de aprendizaje activo.

Está claro que la creación de espacios flexibles para la actividad física apoya positivamente los resultados del aprendizaje. Sin embargo, no es solo la distribución física del aula lo que afecta el rendimiento. Un estudio en particular investigó si las exhibiciones en el aula que no estaban relacionadas con la instrucción afectaban la capacidad de los estudiantes para mantener la atención durante la lección y aprender el contenido. Los investigadores colocaron a niños de kindergarten en un aula controlada para seis lecciones introductorias de ciencias y manipularon experimentalmente el entorno visual de la sala. Los hallazgos indicaron que los estudiantes se distraían más cuando las paredes estaban altamente decoradas y pasaban más tiempo fuera de la tarea. En estos entornos, los estudiantes mostraron menores avances en el aprendizaje en comparación con los casos en los que se eliminaron las decoraciones (Fisher, Godwin, & Seltman, 2014).

El diseño puede potenciar el aprendizaje de maneras sorprendentes. Comprender cómo el espacio en sí mismo puede afectar la forma en que los estudiantes aprenden es clave. Sin embargo, debemos asegurarnos de hacerlo de la manera correcta. Las decisiones sobre el diseño del espacio de aprendizaje deben ser tomadas por las personas que realmente trabajan en las aulas. Los docentes deben tener un lugar en la mesa al tomar estas decisiones o abogar activamente por apoyo y autonomía para realizar cambios en el diseño del aula por sí mismos.

Diseño que empodera a los pensantes

Sólo basta con mirar a nuestro alrededor y observar los increíbles cambios que están ocurriendo en los espacios de trabajo de todo el mundo para imaginar cómo podemos rediseñar nuestras escuelas y aulas. Siempre me ha fascinado lo que Google y Pixar han hecho para mejorar las condiciones laborales de sus empleados. Los espacios de trabajo poco convencionales que han creado respaldan la idea de que un entorno creativo ayuda a estimular la mente e inspirar la innovación. Las aburridas paredes blancas han desaparecido. En su lugar, hay papeles tapiz gráficos y superficies de borrado en seco. Algunas empresas incluso han renovado por completo la distribución de sus oficinas, diseñando un ecosistema de trabajo único y colaborativo con el objetivo final de inspirar a cada individuo y equipo a trabajar de manera más efectiva y eficiente, sentando las bases para ideas innovadoras. La incorporación de elementos de diseño que fomentan la creatividad, la colaboración, la flexibilidad y la comunicación ha permitido aumentar la productividad. A medida que las expectativas sobre la obtención de mejores resultados evolucionan, las empresas han aprovechado una tendencia en el diseño que ha llevado a mejoras significativas.

Ahora echemos un vistazo a nuestras escuelas y aulas. ¿Cómo se ven? ¿Se parecen a las aulas y escuelas que tú mismo atendiste hace muchos años? No es una pregunta capciosa, sino un recordatorio claro de un problema que necesita más atención. ¿De verdad los niños quieren sentarse en escritorios incómodos alineados en filas bajo una iluminación artificial intensa? Si crees que sí, te reto a ponerte en el lugar de un estudiante, no sólo por un día, sino por una semana entera. Siéntate en una silla incómoda hasta que te duela la espalda y el cuello, y luego pregúntate por qué les hacemos esto a los niños. Sin embargo, los problemas de diseño van mucho más allá del aula. La estructura interna de la mayoría de las escuelas hace muy poco por reflejar la vida y el trabajo en el mundo real fuera de los muros escolares.

El cambio en el diseño puede mejorar el aprendizaje de los estudiantes. Un estudio de Barrett et al. (2012) pone esto en perspectiva. La investigación, realizada a lo largo de un año por la Escuela de Medio Ambiente Construido de la Universidad de Salford y la firma de arquitectura británica Nightingale Associates, examinó a 751 estudiantes en 34 aulas de siete escuelas primarias durante el año académico 2011-2012. Se evaluó el desempeño académico de los estudiantes en matemáticas, lectura y escritura al inicio y al final del año, y se calificaron las aulas en función de cualidades ambientales como la orientación del aula, la luz natural, la acústica, la temperatura, la calidad del aire y el color. Los investigadores encontraron que la arquitectura y el diseño del aula afectaban significativamente el rendimiento académico: los factores ambientales influyeron en un 73% de los cambios en las calificaciones de los estudiantes.

Estos hallazgos también sugirieron que el diseño del aula podría tener un impacto del 25% (positivo o negativo) en el rendimiento académico de un estudiante. Con esta información, los educadores están en una posición sólida para abogar por recursos que permitan crear aulas y entornos escolares mucho más propicios para el aprendizaje. Si el mensaje cae en oídos sordos, piensa en lo que puedes hacer por tu cuenta.

El punto clave aquí es convertirse en un agente de cambio, sin importar tu rol. El liderazgo se trata de acción, no título, posición o poder.

> El liderazgo se trata de acción, no título, posición o poder.

Un viaje a la oficina de Google en la ciudad de Nueva York realmente me hizo ver esto con más claridad. Tuve la suerte de asistir a una sesión de capacitación sobre Chromebook con mis estudiantes antes de que el dispositivo se lanzara a gran escala. Mientras participábamos en el aprendizaje profesional a lo largo del día, tuvimos la oportunidad de explorar un poco las instalaciones mientras nos movíamos entre sesiones y el almuerzo. Había escuchado muchos rumores sobre la vida en Google y descubrí que la mayoría eran ciertos.

Los empleados usaban escúteres como medio de transporte y había estantes en cada piso donde podían estacionarlos. En una sala de descanso, había una pared de Lego con contenedores llenos de piezas de diferentes tamaños y colores, fomentando la imaginación. Estaba claro que los empleados eran alentados a liberar su creación cuando lo desearan. Los diseños de *Angry Birds* y una rueda Ferris gran tamaño que vi fueron realmente impresionantes.

En cada piso había áreas y salas especializadas. Dos que destacaban eran las salas de juegos y de masajes. Había mini cocinas por todas partes, lo que dejaba claro que la nutrición era una prioridad en Google. Algunas de estas cocinas estaban decoradas con temáticas particulares. Una de las más elaboradas que vi estaba ambientada como una jungla, con sillas tipo hamaca, pequeñas cascadas, árboles decorados y ranas vivas. Igualmente impresionante era la presencia de enormes máquinas de espresso, capuchino y café en cada cocina, además de la abrumadora cantidad de opciones de comida y bebidas disponibles para los empleados.

El arte temático de Google era visible en todo el edificio, reflejando un gran orgullo por la empresa. Ingeniosos recordatorios para evitar ciertas acciones se encontraban en puertas y ventanas. Un cartel repetido en varias partes del edificio mostraba la imagen de un caimán con la cola sosteniendo una puerta abierta, acompañado del mensaje: "¡Cuidado con el Tailgator!". Obviamente, Google no quería que ciertas puertas permanecieran abiertas por razones de seguridad.

Los espacios de oficina incluían paredes enteras de pizarras blancas, creando las condiciones perfectas para sesiones de lluvia de ideas y el desarrollo de ideas creativas. Estas oficinas también contaban con grandes mesas capaces de albergar entre 12 y 16 personas.

Me sentía como si estuviera en un sueño. Los espacios abiertos estaban equipados con muebles colaborativos y cómodos (sofás de cuero, sillones acolchonados), sin mencionar más estaciones de café. Un extenso bistró ofrecía a los empleados una experiencia de almuerzo inigualable. El chef preparando un platillo especial del día fue un detalle adicional que resaltó la calidad del ambiente.

El paradigma educativo actual ya no se basa en la simple transferencia de conocimiento, sino en su creación y curaduría. El modelo escolar de "celdas y timbres", que ha prevalecido durante más de un siglo, ya no es relevante para los estudiantes—ni para los educadores—de hoy. A medida que los docentes buscan adoptar pedagogías instruccionales que sean relacionales, auténticas, dinámicas y, en ocasiones, caóticas dentro de sus escuelas, los espacios de aprendizaje deben ser reevaluados y adaptados. La innovación pedagógica requiere cambios innovadores en el diseño de los espacios donde ocurre el aprendizaje. En pocas palabras, si el espacio no se alinea con la pedagogía de aprendizaje deseada, terminará por obstaculizar el rendimiento y los resultados de los estudiantes.

La flexibilidad es crítica

¿Recuerdas las aulas en las que aprendiste cuando eras niño? Yo sí, y no por razones positivas. Cada aula era una copia exacta de otra, con muchos escritorios incómodos alineados en filas ordenadas. Las únicas excepciones eran mis aulas de ciencias, que estaban equipadas con mesas de laboratorio en lugar de filas de escritorios. Sin embargo, aún existía el problema de sentarse en sillas durante largos períodos de tiempo, lo que nos causaba tensión en la espalda. Las opciones de asientos incómodos y la falta de movimiento no solo generaban incomodidad, sino que también tenían un impacto negativo en la participación. Por supuesto, algunas lecciones eran extremadamente interesantes. Sin embargo, las condiciones en las que se suponía que debía darse el aprendizaje no eran en absoluto propicias para el proceso. En ese momento, no sabíamos que el diseño del aula podía ser diferente. Era lo que siempre habíamos conocido y esperado, y nunca lo cuestionábamos.

La investigación en constante evolución sobre la importancia del diseño del aula y el movimiento rutinario ha comenzado a desafiar el statu quo en términos de entornos de aprendizaje en las escuelas.

> **Los espacios flexibles deben llevar al aprendizaje flexible**

Algunas escuelas han empezado a implementar cambios positivos. Por ejemplo, en algunas instituciones, las aulas tradicionales con escritorios en filas son cosa del pasado. Han sido reemplazadas por muebles más contemporáneos, que no solo son cómodos sino también modulares. Se están incorporando la flexibilidad, la elección y el movimiento para hacer que la experiencia escolar sea más agradable, al mismo tiempo que se fomenta una mayor participación y colaboración. La clave es crear las mismas condiciones de aprendizaje para nuestros estudiantes que nosotros, como adultos, quisiéramos tener para nuestro propio aprendizaje.

Aunque estos cambios en el entorno físico de las escuelas y aulas pueden parecer emocionantes, aquí hay una pregunta crítica que debemos tener en cuenta: A medida que los espacios de aprendizaje cambian, ¿también cambia la pedagogía? En algunos casos, la respuesta es sí; en otros, desafortunadamente, la respuesta es no. Si los niños siguen estando cómodos mientras reciben instrucción directa o realizan la misma actividad al mismo tiempo, ¿cuál es el propósito de los nuevos muebles o los espacios renovados? Como dice el refrán, "aunque la mona se vista de seda, mona se queda". A medida que se invierten fondos valiosos en la modernización de aulas y escuelas enteras, las mejoras en el aprendizaje deben estar en el centro de nuestra planificación. Los espacios flexibles deben llevar a un aprendizaje flexible. Aquí hay algunas preguntas a considerar al rediseñar los entornos de aprendizaje:

- ¿Cómo apoyará un mayor movimiento y la aplicación del conocimiento o las competencias?
- ¿Cómo promoverá niveles más altos de autonomía estudiantil?
- ¿Cómo cambiará la pedagogía para permitir enfoques más personalizados?
- ¿Cómo cambiarán o mejorarán la evaluación y la retroalimentación?
- ¿Cuál será el papel de la tecnología?
- ¿Qué apoyo en formación profesional se necesita para maximizar el uso de entornos flexibles?

Si ya has invertido en asientos flexibles, reflexiona sobre las preguntas anteriores en términos de lo que ha cambiado. Una estrategia que aborda todas estas cuestiones es avanzar hacia un aprendizaje combinado con bases pedagógicas sólidas, tema que se discute en el capítulo 5. Es importante no confundir esto con el simple uso de la tecnología para apoyar o mejorar la instrucción.

Las tres "P" — Camino (Path), Ritmo (Pace) y Lugar (Place) — garantizan que los entornos flexibles estén a la altura tanto de las expectativas como de su potencial para mejorar el aprendizaje de los niños. En mi trabajo con escuelas para implementar el aprendizaje combinado y maximizar la inversión en entornos innovadores, suelo presentar varios modelos que he encontrado más efectivos. Estos incluyen (como se mencionó anteriormente) rotación por estaciones, tableros de elección, listas de reproducción y clases invertidas.

Los educadores están siendo bombardeados con ideas sobre cómo mejorar el diseño de aulas y escuelas. Siempre es recomendable analizar tanto el trabajo como las inversiones realizadas para determinar si realmente hay mejoras en el aprendizaje y en la cultura escolar. Está bien ser escéptico ante lo que se comparte en redes sociales sobre espacios de aprendizaje (o sobre cualquier otro tema, en realidad). Debemos alejarnos del diseño basado en plataformas que sólo buscan ser "bonitas para Pinterest" y, en su lugar, utilizar la investigación, el pensamiento de diseño y una pedagogía innovadora para guiar el trabajo. El espacio, por sí solo, no mejorará los resultados. Lo que marcará la diferencia es cómo se usa ese espacio para preparar mejor a los estudiantes, tanto para el presente como para el futuro.

Entornos remotos

La pandemia de COVID-19 trasladó el enfoque de los entornos de aprendizaje físicos a los remotos de la noche a la mañana y ha sentado las bases para una mayor oferta de clases virtuales en el futuro. Uno de los mayores obstáculos que surgieron durante este cambio caótico y trascendental en la forma en que facilitamos las experiencias de aprendizaje para nuestros estudiantes fue lograr y mantener su compromiso con el aprendizaje. La participación comienza con un enfoque en un diseño instruccional sólido que conduzca a técnicas pedagógicas que fomenten el aprendizaje activo. Se recomienda un equilibrio entre actividades digitales y no digitales, aunque es posible que debas adaptarte en función de la disponibilidad de tecnología y conexión Wi-Fi en tu comunidad. Independientemente de la situación, la clave para empoderar a los estudiantes es crear experiencias valiosas y significativas en las que quieran participar todos los días. A continuación, se presentan seis aspectos a considerar al desarrollar cualquier tipo de actividad de aprendizaje remoto para maximizar la participación estudiantil:

Relevancia
Sin relevancia, el aprendizaje simplemente no tiene sentido para muchos estudiantes, como se mencionó en el capítulo 3. El "por qué" es más importante que nunca en el contexto del aprendizaje remoto. Es fundamental ponerse en los zapatos del estudiante. Si no comprende realmente por qué está aprendiendo lo que se le enseña, las posibilidades de que se involucre y mejore su desempeño disminuyen significativamente.

Discurso

El aislamiento social es un problema real que afecta a muchos niños que aprenden de forma virtual. Existe una gran necesidad de que los estudiantes interactúen con sus compañeros, especialmente durante las lecciones síncronas facilitadas a través de herramientas de video en vivo. El discurso puede lograrse fácilmente mediante el uso intencional de la tecnología. Si los niños solo consumen contenido y completan actividades de forma aislada, es muy probable que muchos de ellos pierdan el interés.

Colaboración

Otra forma de contrarrestar el aislamiento social y los posibles problemas emocionales es a través de experiencias colaborativas. Estas aprovechan el poder del discurso mientras los estudiantes trabajan juntos para resolver un problema o completar una tarea de desempeño. Utilizando los elementos del aprendizaje cooperativo bien estructurado (responsabilidad, marco de tiempo, roles equitativos, igualdad de oportunidades para participar), se pueden diseñar actividades como parte de una experiencia de aprendizaje combinado remoto. Al final, se trata de crear las condiciones para una interdependencia positiva, procesamiento grupal y desarrollo de habilidades interpersonales.

Flexibilidad

Los horarios rígidos y las expectativas estrictas no funcionaban particularmente bien antes de la pandemia de COVID-19. No es sorprendente que tampoco faciliten una experiencia de aprendizaje atractiva para los estudiantes en el mundo post-COVID-19. Hacer que los niños se conecten a la misma hora para una sesión síncrona de Zoom, como lo harían en una clase presencial tradicional, simplemente no tiene sentido y resulta contraproducente. Cualquier implementación exitosa de aprendizaje remoto debe garantizar que la flexibilidad sea un componente esencial tanto en la asistencia a las clases como en la realización de tareas. Los flujos de trabajo asíncronos, estructurados con contenido adecuado, pueden generar una mayor participación si hay flexibilidad en los plazos para completar las asignaciones dentro de un marco de tiempo determinado.

Personalización

Muchos de los aspectos que ya he mencionado están integrados dentro de una experiencia de aprendizaje personalizada. Esto implica un cambio de enfoque del "qué" (contenido, currículo, pruebas, programas, tecnología) al "quién", con el objetivo de crear una experiencia de aprendizaje más significativa para todos los estudiantes. En el centro de este enfoque está el desarrollo y mantenimiento de una cultura que transmita propósito, significado, relevancia, autonomía y diversos caminos de aprendizaje que atiendan tanto las fortalezas como las debilidades de cada estudiante, como se detalla en el capítulo 5.

El compromiso conduce al empoderamiento

Existe una necesidad urgente de desarrollar e implementar estrategias pedagógicas efectivas en entornos remotos para que el aprendizaje virtual sea exitoso. Recuerdo haber facilitado tres intensos días de talleres virtuales con educadores de un distrito escolar en Pensilvania. Fueron un grupo fantástico para trabajar de manera virtual. Cada día se evidenciaba su disposición al diálogo, su apertura a nuevas ideas y su voluntad de asumir riesgos. Lo que hizo que la experiencia fuera aún mejor fue todo lo que yo también aprendí de ella.

Uno de los principales desafíos del aprendizaje remoto ha sido y siempre será el compromiso de los estudiantes. Al planificar mis actividades para esos tres días, realmente quería crear una experiencia significativa que incluyera múltiples oportunidades de interacción y colaboración. Usando las salas de Zoom y diversas herramientas digitales, logramos programar tiempos significativos para la interacción. Al diseñar lecciones para estudiantes en entornos remotos, aquí hay algunos consejos basados en lo que he aprendido:

- Establecer normas de comportamiento y participación.
- Silenciar a todos al inicio de la instrucción síncrona. Esto ayuda a establecer un ambiente de atención adecuada.
- Incluir una actividad interactiva cada 10-15 minutos.
- Agregar las preguntas o tareas en el chat (simplemente copio y pego desde mi presentación).
- Desactivar el silencio de todos y luego asignarlos aleatoriamente a salas de trabajo.
- Enviar actualizaciones regulares a los estudiantes mediante mensajes de difusión en todas las salas.
- Recordar a los estudiantes que pueden usar el botón de "pedir ayuda". Esto es una excelente forma de combatir el ciberacoso o responder preguntas grupales.
- Ingresar a las salas para monitorear la actividad y brindar apoyo.
- Al cerrar las salas de trabajo, silenciar nuevamente a toda la clase.
- Proporcionar una herramienta digital para que todos los estudiantes compartan sus respuestas a la pregunta discutida o la tarea completada.
- Fomentar el diálogo continuo y las preguntas a través del chat.
- Recomendar el uso de auriculares o audífonos si se está gestionando simultáneamente a estudiantes presenciales y remotos

La colaboración durante las lecciones síncronas es crucial para mantener a los estudiantes comprometidos. También sienta las bases para actividades estructuradas de aprendizaje cooperativo que pueden realizarse en vivo o de manera asincrónica como parte del aprendizaje remoto combinado. Es fundamental ser intencional al planificar el diálogo y la colaboración en cualquier lección o experiencia de aprendizaje remoto, tal como lo haríamos en un entorno presencial. Los estudiantes necesitan desesperadamente interactuar con sus compañeros para crear un sentido de normalidad, al mismo tiempo que se fomenta la atención y el compromiso en el proceso de aprendizaje.

Para empoderar a las personas, primero es necesario involucrarlas. Es casi imposible crear una cultura de aprendizaje si hay elementos

ESTRATEGIAS DE COLABORACIÓN DE APRENDIZAJE REMOTO

SALA VIRTUAL DE GRUPOS PEQUEÑOS

- Piensa – Empareja – Comparte
- Gira y habla
- Rompecabezas
- Rotación de estación
- Lluvia de ideas

Mentímeter · lino · YO Teach! · padlet · GoGuardian

Eric Sheninger: Imagen creada por @RigorRelevance

de aburrimiento, inactividad e irrelevancia. Esta es una lección que aprendí como presentador y facilitador de talleres. Al principio, utilicé estrategias más tradicionales porque era un terreno nuevo para mí. La transición de director escolar a consultor a tiempo completo me generó cierto temor. Como resultado, recurrí a lo que me resultaba familiar: aquello que podía controlar y lo que creía que los educadores querían. Básicamente, me convertí en un experto en instrucción directa con poca interacción de los participantes.

Pensé que lo estaba haciendo bastante bien porque nadie me decía lo contrario. Había contacto visual constante, y la retroalimentación que recibía en las encuestas era mayormente positiva. Sin embargo, no fue hasta una presentación en una conferencia importante cuando recibí la patada en el trasero que necesitaba desesperadamente, aunque no era consciente de que la merecía hasta ese momento. Mientras leía los *tweets* de la sesión, un participante básicamente me dijo que hablé todo el tiempo sin brindar suficientes oportunidades para el diálogo, la aplicación práctica o la reflexión.

Fue en ese momento, hace años, cuando comencé a adoptar y modelar las mismas estrategias que se utilizaban en mi escuela secundaria cuando era director. Incorporé múltiples oportunidades para el diálogo y la colaboración, así como tiempo para desarrollar pasos de acción. La participación aumentó al centrarme en el cómo, utilizando ejemplos de todo tipo de escuelas y herramientas digitales para brindar a todos la oportunidad de expresar su voz. En esencia, mi rol ahora es más el de un facilitador del aprendizaje que el de un simple transmisor de conocimientos. Otro cambio clave fue el desarrollo intencional de estrategias para personalizar la experiencia de quienes tengo la fortuna de acompañar en su aprendizaje.

Estos cambios, combinados con lo que espero sea un estilo único basado en las relaciones, me han permitido conectar mejor con los educadores. Me beneficié enormemente de estos ajustes en el entorno remoto e híbrido que todos experimentamos de alguna manera. Como alguien que apoya a educadores en todo el mundo en esta área, es fundamental no sólo lograr que la mayor cantidad de personas participen, sino también modelar estrategias efectivas que puedan implementarse en el aula. Lo que modelamos, es lo que obtenemos.

La pandemia generó innumerables desafíos para los educadores, y el compromiso de los estudiantes estuvo en la parte superior de la lista. Podemos y debemos aprender de esta experiencia para mejorar, porque nadie sabe lo que depara el futuro. Ya sea en un entorno presencial, remoto, híbrido o con clases virtuales, ten en cuenta estas estrategias:

+ Comienza cada lección con una actividad anticipatoria que motive a los estudiantes y le dé relevancia al aprendizaje.
+ Llama a los estudiantes que tienen su cámara y micrófono apagados. Al establecer esta expectativa de manera constante, se fomentará la atención y la participación.
+ Usa salas de trabajo en grupos pequeños para el diálogo y entra aleatoriamente en ellas para monitorear.
+ Utiliza formularios de Google o Canvas para realizar chequeos rápidos de comprensión (máximo 1-3 preguntas) a lo largo de la lección.
+ Aprovecha herramientas digitales para dar voz y elección a los estudiantes. También es útil utilizarlas después de las salas de trabajo para evaluar los niveles de participación.
+ Evalúa la relevancia de las preguntas, tareas y evaluaciones.
+ Fomenta la responsabilidad mediante una retroalimentación constante y calificaciones oportunas. Move to tasks and work that are more purposeful
+ Incluye un cierre al final de cada lección o sesión síncrona.
+ Pasa a tareas y trabajos que sean más útiles como estrategias de aprendizaje combinado tales como rotación por estaciones, tableros de elección, listas de reproducción, actividades a ritmo propio y metodologías invertidas.
+ Asigna menos tareas, pero enfoca de manera más profunda en los conceptos clave.

El compromiso del estudiante se basa en su comprensión de por qué está aprendiendo algo y cómo podrá aplicarlo en su vida personal. Se puede lograr mediante la adaptación del contexto y la aplicación del conocimiento. Piensa en qué te motivaba a ti como estudiante y qué sigue motivándote hoy en día. Este podría ser el mejor punto de partida para reflexionar sobre el compromiso en entornos de aprendizaje remoto. Si los niños no están comprometidos durante la fase de instrucción, será muy difícil empoderarlos más adelante, sin importar si están en línea o fuera de línea. La tecnología juega un papel fundamental, por lo que es imprescindible hacer todo lo posible para eliminar la brecha digital.

Evita el agotamiento del aprendiz

La pandemia de COVID-19 provocó cambios monumentales en las prácticas de enseñanza y aprendizaje. Los educadores han reflexionado sobre por qué enseñan de cierta manera y cómo pueden hacerlo de manera más efectiva. En prácticamente todas las escuelas que implementaron algún modelo de aprendizaje remoto o híbrido, puedes apostar que las herramientas de videoconferencia jugaron un papel enorme. Aunque ahora los docentes cuentan con una variedad de opciones tecnológicas a su disposición, hay una preocupación creciente que debe abordarse si el objetivo es el aprendizaje.

¿Has oído hablar de la fatiga de Zoom? Es real, te lo aseguro, y se aplica igualmente a Microsoft Teams, Google Meet y cualquier plataforma similar. Facilitar el aprendizaje profesional mediante herramientas de videoconferencia puede ser agotador.

Apuesto a que muchos de ustedes experimentaron lo mismo en reuniones y capacitaciones durante la pandemia. Ahora debemos ponernos en los zapatos de nuestros estudiantes para ofrecer experiencias que los involucren y los empoderen. Esto se vuelve más difícil si fallamos en la ejecución del componente sincrónico. Los niños sufren de fatiga de Zoom, al igual que los adultos. Es un fenómeno real que provoca agotamiento mental, físico y emocional.

Aquí hay algunas estrategias a considerar para maximizar el impacto de cualquier herramienta de videoconferencia:

- La interactividad en sesiones sincrónicas en forma del discurso y la colaboración son esenciales, igual que enfocar en términos del contenido que se va a entregar.
- Menos es más, en este caso. La brevedad, combinada con un diseño instruccional sólido, puede hacer que las lecciones sean más efectivas.
- Co-crea normas con los estudiantes sobre comportamiento, atención e interacción.
- Comienza con una breve actividad introductoria para generar relevancia y motivar a los estudiantes.
- Incorpora descansos rutinarios que incluyan movimiento y actividades socioemocionales (SEL).
- Equilibra el aprendizaje sincrónico con tareas asincrónicas de aprendizaje (que se detallan más adelante en este capítulo) que permitan a los estudiantes avanzar dentro y fuera de la pantalla. Los desafíos auténticos siempre funcionan muy bien.
- Mantén la instrucción directa entre 10 y 15 minutos e incluye al menos dos verificaciones de comprensión para interrumpir la conversación de los adultos.
- Estructura el componente sincrónico con 10 minutos al inicio para repasar aprendizajes previos y 10 minutos al final para el cierre.
- Solicita retroalimentación de los estudiantes y sus familias sobre su experiencia con las clases en video.
- Incorpora tiempo para reflexionar sobre la efectividad de cada sesión sincrónica. Pregúntate: "Si yo fuera el estudiante, ¿me habría sentido comprometido y empoderado?"

La fatiga es otro desafío que los educadores deben superar a medida que se amplían las opciones de aprendizaje virtual para los estudiantes. La mayoría de nosotros sabemos muy bien cómo se siente esto, lo que nos impulsa a actuar. La combinación adecuada de una pedagogía sólida, apoyo para el desarrollo profesional, retroalimentación y reflexión ayudará a cualquier educador a crecer y mejorar su práctica.

Aprendizaje asincrónico

El aprendizaje asincrónico proporciona una flexibilidad que se adapta mejor a las necesidades tanto de los estudiantes como de los docentes, eliminando la rigidez tradicional de la escuela. También permite el trabajo independiente y colaborativo cuando se estructura correctamente, fomentando competencias clave como la autogestión, la creatividad, la indagación y el trabajo en equipo. Además, se pueden combinar actividades digitales y no digitales para que los estudiantes apliquen activamente lo aprendido de maneras relevantes y significativas. Para comenzar, considera estos consejos:

- Determina cómo se distribuirá el contenido (de manera sincrónica o asincrónica).
- Diseña actividades alineadas con los estándares de aprendizaje.
- Establece objetivos de aprendizaje claros.
- Define el tiempo que tendrán los estudiantes para completar las tareas.
- Desarrolla evaluaciones formativas escalonadas que los estudiantes completen después de una serie de actividades asincrónicas, como una forma de cierre y para verificar la comprensión.
- Ofrece varias opciones de evaluación y permite que los estudiantes elijan cuál será calificada.

Existen muchas estrategias prácticas para diseñar tareas asincrónicas. Algunas dependen de la tecnología, mientras que otras no. Con actividades de ritmo autónomo, las posibilidades son infinitas: lectura independiente con preguntas reflexivas, conjuntos de preguntas escalonadas, tareas basadas en la indagación o resolución de problemas, o rutas de aprendizaje virtuales. En este último caso, los estudiantes pueden avanzar a su propio ritmo en contenidos y cursos de plataformas como Khan Academy. Otro excelente recurso para actividades autodirigidas es CK-12 (www.ck12.org). En la pestaña "explore" de la barra de herramientas superior, encontrarás ejercicios adaptativos, simulaciones y juegos interactivos que los estudiantes pueden realizar a su propio ritmo.

Dar a los estudiantes la posibilidad de elegir las actividades en las que participan es una manera sencilla de empoderarlos y fomentar la autonomía en su aprendizaje. Los tableros de elección, mencionados en el capítulo 5, son una estrategia efectiva de aprendizaje combinado, ya que permiten diferenciar y escalar tareas con opciones digitales y no digitales. Para comenzar, puedes buscar ejemplos en Internet o mejorar los recursos que ya utilizas. La elección puede ser una de las formas más simples y efectivas de personalizar el aprendizaje. Si crear un tablero no es lo tuyo, prueba con actividades "deben hacer" y "pueden hacer". A veces, la flexibilidad puede ser tan simple como dejar que los estudiantes elijan el orden en el que completan las tareas asincrónicas. A diferencia de los tableros de elección, las listas de reproducción o actividades tipo menú permiten a los estudiantes avanzar a su propio ritmo, como se detalla en el capítulo 5. Es fundamental mantener un equilibrio entre el trabajo individual y las tareas colaborativas mediante herramientas digitales, para que los estudiantes puedan conectarse con sus compañeros.

Nada reemplaza un diseño instruccional sólido y una buena pedagogía, pero las tecnologías adaptativas tienen un gran potencial para apoyar y mejorar las habilidades de pensamiento. En pocas palabras, estas tecnologías utilizan algoritmos informáticos para coordinar la interacción con el estudiante y proporcionar recursos y actividades personalizadas según sus necesidades específicas. Estas herramientas pueden ayudar a cerrar brechas de aprendizaje y mitigar la pérdida de conocimientos como parte del conjunto de estrategias asincrónicas del docente.

Si alguna vez hubo un momento ideal para probar una clase invertida (flipped classroom), ese momento es ahora. Esta estrategia no es nueva y puede adaptarse fácilmente a un entorno remoto. Los docentes pueden grabar su instrucción directa en videos cortos, de 10-15 minutos, explicando conceptos a través de pizarras digitales, presentaciones o herramientas como Educreations. Luego, estos videos pueden subirse a plataformas de gestión del aprendizaje (LMS) como Google Classroom, Schoology o Canvas. Si no utilizas una de estas plataformas, no hay problema: los videos pueden alojarse en un sitio web de Google para la clase. Después de ver el video a su propio ritmo, los estudiantes completan una serie de actividades asincrónicas para construir nuevos conocimientos y aplicar lo aprendido del contexto presentado.

Una de las mayores ventajas del aprendizaje asincrónico es su flexibilidad, lo que beneficia a estudiantes, docentes y familias. Las tareas pueden realizarse dentro de un período determinado, utilizando estrategias mencionadas en este libro, así como opciones más tradicionales como proyectos o ensayos de investigación. Además, permiten que el docente se enfoque en los estudiantes que necesitan instrucción más específica o apoyo adicional.

Celebra los pequeños logros

Como resultado de la pandemia de COVID-19, los docentes han tenido tiempo para adaptarse a una nueva realidad. Ahora es el momento de aprovechar lo positivo de esta situación, dejar atrás viejas limitaciones y expandir nuestra visión sobre lo que la enseñanza y el aprendizaje *pueden llegar a ser*. Las oportunidades de aprendizaje asincrónico pueden hacer que la educación sea más dinámica, impactante y equitativa. Cada día trae consigo nuevos retos o aventuras, dependiendo de cómo percibamos el panorama actual. No hay soluciones universales ni respuestas fáciles que sean útiles para todos.

No debemos subestimar los pequeños logros, ya que reconocerlos es una forma auténtica de motivar a los demás y mantener el impulso del cambio. Con el tiempo, estos pequeños éxitos pueden convertirse en catalizadores para transformaciones más amplias. En talleres y sesiones de asesoramiento, a menudo me preguntan qué consejo les puedo dar a los docentes y administradores para hacer que la enseñanza sea lo más sencilla posible sin comprometer la calidad del aprendizaje. En este caso, el objetivo es lograr un cambio sistemático que todos los docentes puedan adoptar. La clave es que debe ser lógico y fácil de implementar.

A continuación, comparto tres recomendaciones para ayudar a los educadores a avanzar en un mundo en constante cambio. Estas pueden aplicarse tanto a entornos virtuales como presenciales, sin importar los desafíos que surjan. Son sencillas, pero requieren coherencia y constancia. Me gusta referirme a ellas como normas esenciales que todos pueden respaldar:

1. Adoptar un sistema de gestión del aprendizaje (LMS) a nivel institucional.
2. Establecer una plataforma de videoconferencia con salas de grupos pequeños.
3. Utilizar una herramienta digital que fomente la participación y el empoderamiento.

El uso constante de un LMS como Google Classroom, Schoology o Canvas funciona para crear un entorno de aprendizaje más equitativo para todos los niños y las familias, siempre que haya acceso en la escuela y en el hogar. Puede convertirse en el centro de todas las lecciones, videos, actividades, evaluaciones y trabajos de los estudiantes. A continuación, se pueden establecer las bases para enfoques más personalizados, como el aprendizaje combinado pedagógicamente sólido o las actividades a su propio ritmo. Los estudiantes y las familias ganan porque tienen acceso a los recursos a pedido. El desarrollo de capacidades ahora beneficia a todos los educadores a través de la articulación vertical y proporciona una base sobre la cual construir en los años siguientes. Si un estudiante está enfermo o en instrucción en casa, no perderá el ritmo.

Muchas escuelas dependieron de una plataforma de videoconferencia para la instrucción y el aprendizaje sincrónicos durante la pandemia. Al igual que el LMS, el uso constante en un distrito o escuela ayuda a desarrollar la continuidad, especialmente en los niveles de grado superior. Para el discurso y la colaboración, es imprescindible seleccionar una plataforma de videoconferencia que tenga capacidad de sala para grupos pequeños. Independientemente de la plataforma seleccionada, es crucial seguir las pautas para proteger la identidad y la información de los estudiantes.

Hay muchas herramientas digitales disponibles para los educadores en estos días, lo que a menudo crea una sensación abrumadora. Lo que importa no es la cantidad de herramientas que utilices, sino el grado en que se emplean para facilitar experiencias atractivas y empoderadoras. Por lo tanto, mi consejo es dominar primero una herramienta y usarla constantemente para revisar el aprendizaje previo, verificar la comprensión y proporcionar un cierre. La clave aquí es establecer un nivel de comodidad tanto entre los profesores como entre los estudiantes. Hay muchas herramientas excelentes para usar. Mi consejo es elegir una que permita que las respuestas de los estudiantes se utilicen de diferentes maneras. Dos herramientas a tener en cuenta son *Mentimeter* y *Padlet*.

El éxito de cada una de las sugerencias anteriores depende de que se proporcione o busque apoyo profesional para el aprendizaje de la herramienta o la plataforma, así como de una pedagogía sólida. Esto representa un gran punto de partida para ayudar a los educadores a gestionar las expectativas y crear un entorno propicio para el pensamiento. Las recomendaciones pueden sentar las bases para experiencias más estructuradas que empoderen a los alumnos de diferentes maneras. También pueden ser un trampolín para cambios futuros.

Los entornos cambiantes requieren nuevas competencias

Parece que siempre estamos en medio de tiempos difíciles. El mundo cambió fundamentalmente durante la pandemia y los desafíos que se plantearon a la sociedad no hacen falta decirlo. En las aulas, los educadores se enfrentaron a los impactos que esto tenía en los modelos de aprendizaje tanto a distancia como híbridos.

No fue fácil, y muchas personas estaban en un punto de ruptura, ¿y quién podía culparlos?

A medida que el polvo se asentaba, aprendimos lecciones críticas. El mundo del trabajo ha cambiado fundamentalmente y sigue cambiando cada día que pasa. Un cambio necesario surgió ante nuestros ojos. Cada vez más empleadores se alejaron de los espacios físicos y adoptaron entornos remotos, al tiempo que depositan mayores niveles de confianza en sus empleados. Esto equivale a menos enfoque en la cantidad de horas dedicadas al día y más enfoque en realizar el trabajo con un alto nivel de competencia.

Presentarse en una oficina o tener que dedicar un número determinado de horas al día no necesariamente resulta en el éxito. Entonces, ¿qué significa esto para la educación? Un mayor énfasis en la productividad en el futuro del trabajo requerirá que nuestros alumnos tengan un conjunto refinado de competencias. Es importante no quedar atrapado en el alboroto sobre las "habilidades" necesarias. Si bien estos son importantes, se centran en el "qué" en términos de las habilidades que un alumno necesita para realizar una tarea o actividad específica. Las competencias describen "cómo" se lograrán las metas y los objetivos. Mientras que el capítulo 4 describió seis aspectos específicos que siempre tendrán valor, ahora y en el futuro, lo más probable es que nuestros alumnos deban ser competentes en las siguientes áreas para tener éxito:

- **Autorregulación**: mediante la cual las personas planifican una tarea, supervisan el rendimiento y reflexionan sobre el resultado.
- **Colaboración remota**: las personas trabajan juntas, independientemente de su ubicación geográfica, para lograr los objetivos de la organización utilizando una variedad de herramientas digitales.
- **Pensamiento crítico y resolución de problemas**: la capacidad de pensar de manera compleja que aplique el conocimiento y las habilidades adquiridas de manera relevante. Incluso cuando se enfrentan a incógnitas desconcertantes, las personas son capaces de utilizar amplios conocimientos y habilidades para crear

soluciones y tomar medidas que desarrollen aún más sus habilidades y conocimientos.
- **Inteligencia emocional (IE):** capacidad de una persona para ser consciente, controlar, expresar las emociones y manejar las relaciones interpersonales con criterio y empatía. Una persona que es competente en E.I. puede comprender, manejar y usar sus propias emociones para comunicarse de manera efectiva, liberar el estrés, enfatizar con los demás, superar desafíos y desactivar conflictos de manera positiva.
- **Gestión del tiempo:** Proceso de organizar y planificar cómo dividir el tiempo que se tiene disponible entre actividades específicas o delegar tareas a otras en función de la estructura organizativa. En pocas palabras, se trata de trabajar de manera más inteligente, no más difícil, para lograr objetivos.
- **Creatividad:** la capacidad de desarrollar e implementar con éxito soluciones innovadoras a problemas complejos mientras se conectan fenómenos aparentemente no relacionados.

De cara al futuro, los educadores deben desarrollar su propio sentido de lo que es más crítico para los alumnos a los que sirven. El currículo puede dictar *lo que* se tiene que enseñar, pero el arte de enseñar se trata de *cómo* enseñamos de manera que inspiren un aprendizaje significativo. A medida que el mundo continúa cambiando de maneras que nunca podríamos haber abandonado, es imperativo que los estudiantes tengan lo que necesitan para tener éxito hoy y en el futuro. Su entorno tendrá un impacto dramático en su pensamiento. Debemos mejorar los espacios físicos de la escuela y las aulas, pero mirar más allá de ellos como un solo lugar en el que los niños pueden aprender. La pandemia dio lugar a un experimento de aprendizaje a distancia a gran escala. Puede que no haya sido un camino de rosas, pero aprendimos poderosas lecciones en el camino. Lo más probable es que las escuelas del presente y del futuro estén ahora más abiertas al aprendizaje a distancia y es imperativo que todos los educadores estén plenamente preparados para esa posibilidad.

> **DESAFÍO DISRUPTIVO #6**
>
> Visite al menos cinco aulas diferentes (físicas o virtuales) junto con cinco colegas, observando el entorno en particular. Reflexione sobre las visitas, compartiendo ideas sobre lo que mejoró el aprendizaje, así como cualquier característica del entorno que inhibiera el aprendizaje. Con base en la experiencia y las conclusiones, desarrolle 3 acciones específicas que se pueden tomar para mejorar el entorno de aprendizaje en su propio entorno. Comparta una imagen en las redes sociales que ilustre sus hallazgos y diríjase al hashtag #DisruptiveThink.

PARTE 4:
REPENSANDO NUESTRA MENTALIDAD

CAPÍTULO 7

Prácticas atípicas

"La normalidad es un camino empedrado: Es cómodo para caminar, pero no crecen flores en él".
Vincent Van Gogh

Cuando era niño, mis padres solían llevarme a los juegos profesionales de béisbol y hockey todo el tiempo, aunque era un ávido fanático de los deportes, creo que esperaba con ansias la comida y caminar por el lugar más que ver el deporte que se jugaba. Con el tiempo esto cambió, pero cuando era niño, comer comida chatarra todo el día y no preocuparse por las calorías, el azúcar o la grasa era la vida. Aquí radica mi punto. Recuerdo vívidamente la comida y el ambiente, pero no el marcador de cada juego. Lo mismo puede decirse de una variedad de otras experiencias que han dado forma a mi vida e influido en mi pensamiento a lo largo de los años.

Casi todos hemos escuchado la frase: "La experiencia es el mejor maestro". Al crecer, lo escuché mucho. En ese momento, no lo aprecié ni entendí completamente su significado, pero ahora estoy totalmente de acuerdo. Por supuesto, hay algunas experiencias que desearía haber evitado y que resultaron en resultados negativos, pero siguen siendo un componente importante de mi historia. La fuerza impulsora detrás de las decisiones que tomamos son las creencias únicas que tenemos sobre nosotros mismos. Nuestras experiencias, tanto positivas como negativas, dan forma a lo que somos. Se convierten en una parte integral de nosotros y crean nuestra historia.

Cuando se trata de la escuela, ¿qué recuerdan los estudiantes? A corto plazo podrían ser las calificaciones. Sin embargo, con el paso de los años, las calificaciones obtenidas se convirtieron en un recuerdo lejano. No recuerdo ninguna de mis notas de K-12, pero sí sé que era un estudiante por encima del promedio. Lo que más se destaca en mi memoria son las increíbles experiencias que algunos de mis profesores me brindaron en sus clases.

La Sra. Williams nos hizo hacer dibujos en el jardín de infantes que representaran lo que queríamos ser cuando fuéramos grandes. En ese momento, quería ser granjero. En arte, el Sr. Wynn fue uno de los maestros más geniales que he tenido. Desde que fui a una escuela K-8, lo tuve como maestro durante nueve años. A pesar de que yo era un artista horrible, él siempre fue capaz de proporcionar algún tipo de refuerzo positivo. El Sr. South nos hizo evaluar cómo colonizaríamos Marte como estudiantes de 7º grado y luego crear prototipos de inventos que nos ayudarían a llegar allí, como se describe en el capítulo 4. El Dr. Hynoski usó el humor y mostró compasión en la química y la anatomía de la escuela secundaria. Luché para obtener una buena calificación en ambas clases, pero debido a la cultura del aula que él creó, trabajé duro. Nunca tuve a la Sra. McDonald o a la Sra. O'Neill como maestras, pero ambas eran consejeras del gobierno estudiantil que siempre estaban dispuestas a prestar un oído abierto, ya fuera relacionado con la escuela o con asuntos personales.

Estos maestros y un puñado de otros a lo largo de mi propio viaje educativo K-12, participaron en prácticas que fueron memorables y tal vez incluso fuera de la norma. No se centraron en las calificaciones y los deberes; En cambio, se centraron en aprender y crear experiencias diseñadas para mejorar el aprendizaje de los estudiantes e impulsar nuestro pensamiento. En muchos sentidos, eran educadores atípicos que se involucraban en prácticas atípicas que resultaban en un pensamiento y aprendizaje fuera de la caja por parte de los estudiantes con los que interactuaban. Los focos de excelencia como estos ejemplos ya no son lo suficientemente buenos. Ahora es el momento de que todos los educadores adopten prácticas atípicas en muchas áreas, incluidas las calificaciones, las tareas y las prácticas de retroalimentación.

Pensando más allá de las calificaciones

Los maestros – y muchos más – me ayudaron a convertirme en la persona que soy hoy, no por las prácticas de calificación, sino a través de las fantásticas experiencias que crearon para mis compañeros de clase y para mí. Aunque las calificaciones pueden funcionar para algunos estudiantes, son contraproducentes para el aprendizaje de muchos otros, incluidos aquellos que:

- Se sienten avergonzados por el estigma que tiene (o tenía) una letra o un número.
- No aprendan de la manera particular en que está estructurada su clase.
- Recibir altas calificaciones sin realmente intentarlo o sin ser desafiado y, por lo tanto, alejarse cuestionando lo que realmente se aprendió.
- Son castigados a través de prácticas de calificación injustas como los ceros, donde su calificación final no refleja adecuadamente lo que aprendieron.
- No encuentran relevancia ni significado durante su tiempo en una clase o curso en particular.

La conclusión clave aquí es que, la mayoría de las veces, son las experiencias atractivas, relevantes, significativas, divertidas, impresionantes, inspiradoras, prácticas y empáticas las que los niños recordarán mucho después de haber tenido un maestro específico o haberse graduado de una escuela. El resultado es una formación de relaciones que sirven a los estudiantes mejor que cualquier letra o número. Estas realizaciones prepararon el escenario para pensar de manera diferente sobre las calificaciones. Para que las calificaciones realmente signifiquen algo, debe haber una conexión más profunda y emocional más allá de lo que solo se ve en una boleta de calificaciones o transcripción. Es entonces cuando se produce el aprendizaje auténtico.

Durante siglos, el éxito escolar ha estado determinado en gran medida por las calificaciones como el principal reflejo de lo que los estudiantes saben, o no saben. El resultado es una especie de carrera de ratas en la que tanto los niños como los padres tienen sus "ojos puestos en el premio". El "premio" en este caso es una letra codiciada o una calificación numérica que se celebra por encima del aspecto más importante de la educación: si un estudiante realmente aprendió y puede aplicar este conocimiento recién construido de manera significativa. Las microcredenciales y las insignias digitales, aunque son un paso en una mejor dirección como medio para hacer que la retroalimentación sea más personal, también pueden perpetuar este problema.

El proceso de calificación es complicado y está plagado de errores y decisiones arbitrarias. Basta con pensar en los problemas inherentes a los sistemas de puntos tradicionales. Muchas calificaciones se determinan utilizando una acumulación de puntos durante un período de tiempo determinado, incluida la tarea (a menudo, solo se verifica que esté completa), crédito adicional, cumplimiento (o incumplimiento de) expectativas de comportamiento, participación o pérdida de puntos por tareas atrasadas. Las cuestiones problemáticas relacionadas con las prácticas tradicionales de calificación no son nuevas. Después de un análisis de varios estudios de investigación, Alfie Khon (2011) concluyó lo siguiente:

- Las calificaciones tienden a disminuir el interés de los estudiantes en lo que sea que estén aprendiendo.
- Las calificaciones crean una preferencia por la tarea más fácil posible.
- Las calificaciones tienden a reducir la calidad del pensamiento de los estudiantes.

La calificación perpetúa un problema mayor. Sí, los estudiantes entran por nuestras puertas todos los días solo para obtener una calificación, entonces ya les hemos reprobado. Por fracaso, me refiero a un desprecio por proporcionarles las competencias y cualidades necesarias que una calificación rara vez puede cuantificar. Desafortunadamente, en la mayoría de las escuelas hoy en día, la calificación sigue siendo un componente importante de la experiencia escolar, lo que obliga a los niños a seguir los movimientos y "hacer" la escuela, obteniendo una calificación alta como recompensa. Hemos motivado (inadvertidamente, tal vez) a nuestros estudiantes a subordinar el aprendizaje a favor de las calificaciones en su búsqueda del éxito escolar. El aprendizaje, no las calificaciones, deben ser las recompensas que los estudiantes buscan. Ayudarles a reconocer esto es un reto que todos debemos aceptar. El concepto del pozo de aprendizaje discutido en el capítulo 4 siempre ha resonado en mí. Con el aprendizaje no solo como objetivo, sino también como resultado final, los estudiantes son guiados a través de un proceso que ilustra cómo el aprendizaje es la recompensa final por sus esfuerzos. Cuando las calificaciones se incluyen en la mezcla, el enfoque se convierte en un camino de menor resistencia, negando los resultados positivos asociados con los estudiantes que experimentan el pozo de aprendizaje.

¿Cuál es la dura verdad sobre las calificaciones tradicionales y cómo se usan actualmente? A decir verdad, creo que las calificaciones son más para los padres y las escuelas que para los estudiantes a los que estamos tratando de servir. El aprendizaje no solo es un proceso desordenado, sino que el camino también varía mucho de un estudiante a otro. Todos los niños piensan y aprenden de manera diferente y poseen habilidades diferentes y únicas para demostrarnos que entienden conceptos. Los proyectos basados en la indagación y las tareas de rendimiento en las que participan los estudiantes son un gran ejemplo de este punto. A través de experiencias de aprendizaje como estas, los estudiantes aprenden a través de prueba y error, fracaso, colaboración, conexiones interdisciplinarias, asumiendo riesgos y superando ciertos miedos inherentes a las calificaciones tradicionales. La recompensa final es hacer algo que haga algo, en muchos casos, descubriendo una solución viable a un problema que identificaron.

Me temo que estamos muy lejos de abolir las calificaciones por completo en nuestras escuelas, pero eso no significa que no podamos reflexionar críticamente sobre el papel que juegan las calificaciones y cómo se calculan mientras continuamos abogando por el cambio. Si el verdadero objetivo de la escuela es el pensamiento disruptivo que conduce al aprendizaje profundo, entonces eso debería reflejarse de alguna manera en una calificación. Debemos empezar por desarrollar mejores evaluaciones formativas y sumativas que se alejen de que los estudiantes nos digan lo que saben y, en cambio, nos muestren que entienden. También necesitamos un cambio de mentalidad, alentando a los estudiantes a trabajar y pensar de manera que les permita experimentar las recompensas inherentes de entrar y salir del pozo de aprendizaje.

Repensando los ceros

El temido cero. Para muchos estudiantes, este número provoca una cierta cantidad de miedo y ansiedad cuando se trata de sus calificaciones. Yo, por mi parte, me sentía así y me aseguraba de que todo se entregara a su vencimiento. El cumplimiento y el seguimiento de las reglas, incluso si no estaba de acuerdo con ellas, eran partes naturales de cómo veía (y "hacía") la escuela. Desafortunadamente, no todos los estudiantes veían la escuela como yo lo hacía, y no todos los estudiantes son tan obedientes como yo. A veces se olvidan. Otras veces simplemente no les importa el punto, independientemente de las razones, creo que es esencial examinar críticamente el mensaje y disminuir que estamos impartiendo a nuestros jóvenes a través de esta práctica de calificación obsoleta y, francamente, insensible.

La práctica de dar ceros a los estudiantes que no entregan las tareas cuando deben entregarse se ha arraigado en las escuelas de todo el mundo. Es uno de los muchos ejemplos que caen en lo que yo llamo el mantra de la "trampa mortal" de la educación: "Así es como siempre lo hemos hecho". El hecho de que algo se haya hecho en el pasado, o que sea un componente tradicional de la cultura escolar, no significa que sea una práctica efectiva. En mi opinión, ya es hora de revisar esta práctica y determinar si realmente es lo mejor para nuestros estudiantes. Considere el siguiente escenario:

Isabella es una aprendiz comprometida que siempre presta atención en clase, tiene un rango de clase alto y nunca ha obtenido una calificación inferior a una A. Sus primeras cuatro calificaciones en física son 100, 99, 99 y 98. Se dice que Isabella tiene un promedio de 99 para el término. Sin embargo, ha tenido una semana inusualmente ocupada con las porristas, y cuando llega a la escuela la mañana en que se entrega la tarea final, realiza que se ha olvidado por completo de hacerla. Ella le explica su situación a la maestra y ruega que le permita entregarlo al día siguiente. El profesor no es comprensivo y le asigna a Isabella una calificación de 0 para la tarea final, diciéndole que esto la preparará para el "mundo real".

Examinemos la última afirmación con respecto a la preparación para el mundo real. Corríjanme si me equivoco, pero en educación, los maestros y administradores no reciben ceros si:

- Llegar tarde al trabajo.
- No cumplió con una fecha límite determinada (p. ej., entregar los planes de lecciones, completar todas las observaciones/evaluaciones en una fecha establecida).
- Ignoran un correo electrónico y, como resultado, no están preparados para las reuniones o no transmiten la información necesaria a sus colegas cuando es necesario.
- Olvidar llamar a los padres.

No debemos condenar a un colega al fracaso por comportarse de cualquiera de las maneras anteriores, sin embargo, eso es lo que hacemos con los niños a los que servimos cuando se les dan ceros. La pregunta es: ¿qué mensaje o lección estamos enseñando realmente a los estudiantes a través de esta práctica? El "cero" tiene un efecto inmerecido y devastador en los estudiantes y su calificación, tanto que no importa lo que el estudiante haga a partir de entonces, el "cero" distorsiona la calificación final como un verdadero indicador de dominio (Wormeli, 2006). Dejando a un lado las calificaciones, no nos dice absolutamente nada sobre si un alumno puede pensar. Si el objetivo es el aprendizaje y el crecimiento, entonces es nuestra responsabilidad abordar este problema porque los impactos negativos en nuestros alumnos superan con creces la necesidad de dar ejemplo o recurrir a la lógica de la "preparación para el mundo real".

Como director, trabajé con nuestro personal para abordar este problema, así como la práctica general de calificar el período No voy a mentir; fue una de las iniciativas de cambio más difíciles en las que participé durante mi mandato como director. Nuestra solución final no fue perfecta, ni siquiera el mejor ejemplo, ni mucho menos; Sin embargo, sí representó un paso en una mejor dirección porque empezamos a centrarnos más en el aprendizaje que en las calificaciones. Al examinar la investigación y llegar a un consenso, renovamos nuestra filosofía de calificación. Aquí es donde aterrizamos con respecto a los ceros y por qué:

> **Sin ceros:** A los estudiantes no se les asigna una calificación de cero (0). Esta práctica no solo refleja la calificación como castigo, sino que también crea un agujero del que los estudiantes no pueden salir (Guskey, 2000; Reeves, 2004; Reeves, 2008; O'Connor y Wormeli, 2011). Esto incluye tareas, cuestionarios, exámenes, proyectos, etc. Una excepción a esto serían los casos que involucran trampa, plagio o una ausencia de examen parcial/final sin una excusa justificable (por ejemplo, nota del médico, muerte en la familia).

Una vez más, esto no fue de ninguna manera una solución perfecta, pero, para nosotros, fue un pequeño paso en la dirección correcta, ya que comenzamos a priorizar el aprendizaje sobre la calificación. Mi esperanza es que cualquier educador que lea este libro trabaje con su comunidad escolar para promulgar cambios en las calificaciones que funcionen para ellos y, lo que es más importante, para sus estudiantes. En lugar de asignar ceros, considere marcar el trabajo como incompleto hasta que se entregue. Es importante determinar por qué los estudiantes no entregan tareas específicas, como tareas y proyectos, como una forma de mitigar incluso tener que considerar repartir ceros. Reflexionando sobre las siguientes preguntas:

+ ¿Es la tarea significativa y relevante?
+ ¿Ve el alumno el propósito en ello?
+ ¿Se proporcionarán comentarios?

Reflexionar sobre estas preguntas puede ayudar a crear mejores tareas que sean más relevantes y que los niños realmente *quieran* completar. Castigar a los alumnos con ceros destruye tanto la motivación como el amor por el aprendizaje. También pintan una imagen falsa de lo que realmente se aprendió. Si una calificación no refleja el aprendizaje, ¿cuál es el punto? Se lo debemos a nuestros estudiantes para allanar un mejor camino a seguir cuando se trata de procesar su aprendizaje.

La retroalimentación cultiva el pensamiento

Las empresas más exitosas se vuelven exitosas buscando siempre formas de mejorar. Cuando se trata de sus empleados, no hay techo, están continuamente buscando caminos y asignando recursos para ayudar a los mejores a mejorar aún más. La misma filosofía se puede aplicar a nuestras aulas. La retroalimentación continua para todos los alumnos, independientemente de sus habilidades innatas o de su nivel de rendimiento actual, es fundamental si el objetivo es ayudarles a convertirse en lo mejor que pueden ser. Numerosas investigaciones han demostrado que la retroalimentación es una de las prácticas más efectivas en el aula que impacta el aprendizaje de los estudiantes (Goodwin y Miller, 2012).

La conclusión aquí es que la retroalimentación importa en el contexto del aprendizaje. También hay que tener en cuenta en qué se diferencia de la evaluación. La retroalimentación justifica una calificación, establece criterios de mejora, proporciona motivación para la siguiente evaluación, refuerza el buen trabajo y sirve como catalizador para la reflexión. Como se mencionó anteriormente, las evaluaciones válidas determinan *si* hubo aprendizaje, *qué* aprendizaje ocurrió y *si* el aprendizaje se relaciona con las metas, estándares y objetivos establecidos. En realidad, la evaluación formativa es una forma avanzada de retroalimentación.

En mi opinión, nunca se puede proporcionar a los alumnos demasiada retroalimentación. Sin embargo, la forma en que se entrega es significativamente importante. Nicol (2010) encontró que la retroalimentación es valiosa cuando se recibe, se entiende y se actúa en consecuencia. La forma en que los estudiantes analizan, discuten y actúan sobre la retroalimentación es tan importante como la calidad de la retroalimentación en sí. He identificado los siguientes cinco componentes de una retroalimentación efectiva:

1. Entrega positiva
2. Práctica y específica
3. Puntualidad
4. Consistencia
5. Usar el medio adecuado

Aunque proporcionar una retroalimentación eficaz a los alumnos es fundamental, también puede llevar mucho tiempo. ¿Cómo pueden los educadores proporcionar a los alumnos de forma realista una retroalimentación de calidad durante cada lección? La respuesta está en compartir su responsabilidad con ellos. A menudo observo a los maestros monitoreando a los estudiantes durante las actividades de aprendizaje colaborativo o trabajando con grupos específicos cara a cara en rotaciones de estaciones de aprendizaje combinado. Durante las sesiones informativas, a menudo pregunto cómo se da la retroalimentación. A menudo, la respuesta es que la retroalimentación se presenta verbalmente. Esta es una estrategia necesaria a veces, pero se necesita más. Es por eso que se me ocurrió la idea de los registros de comentarios.

Piense en todas las conversaciones que los educadores tienen con los alumnos a diario. La información valiosa en muchos casos se alinea con lo que la investigación ha dicho que constituye una retroalimentación efectiva. El problema, sin embargo, es la posibilidad razonable de que los alumnos olviden lo que se les ha dicho sobre el progreso o la mejora y no tengan la capacidad de reflexionar más tarde sobre la retroalimentación que se les proporcionó. Ya sabes lo que dice el refrán: Fuera de la vista, fuera de la mente. Hacer que los estudiantes creen un registro de comentarios resuelve este problema al ayudarlos a recordar, retener, reflexionar y trazar su progreso. Lo mejor de todo es que no requiere tiempo extra por parte del profesor.

Un registro de comentarios puede crearse de muchas maneras y alinearse con competencias, conceptos o estándares. Los estudiantes pueden usar esto como un medio para realizar un seguimiento de su progreso y crecimiento a lo largo del tiempo a medida que se proporcionan comentarios adicionales en el transcurso del año. Si los estudiantes realmente son dueños de su aprendizaje, entonces se les debe poner en posición de reflexionar y luego actuar sobre la retroalimentación que se les da. El uso de un tronco también puede fortalecer la asociación con los padres. Al hacerlos conscientes del registro, los padres tienen la oportunidad de involucrarse más en el aprendizaje de sus hijos cada día.

La implementación de registros de retroalimentación como parte de una práctica profesional consistente ahorra un tiempo precioso, se puede alinear sin problemas con las estrategias basadas en la investigación, ayudará a los estudiantes a monitorear su comprensión de los aprendizajes esenciales y se puede utilizar para brindar un apoyo más específico a los estudiantes que no muestran el crecimiento esperado con el tiempo. También pueden servir como una herramienta de empoderamiento para ayudar a los estudiantes a ejercer una mayor responsabilidad sobre su aprendizaje.

También es importante entender nuestro papel en la retroalimentación. A nadie le gusta la oportunidad de que le hablen incesantemente, independientemente de su edad. Aunque ciertamente hay casos que lo requieren, el contexto importa. A menudo pienso en cómo damos retroalimentación a nuestros alumnos, colegas y aquellos a quienes supervisamos. Tal vez "dar" sea la palabra incorrecta para usar aquí. La noción predominante es que una persona habla mientras la otra escucha atentamente y reflexiona sobre los consejos dados. Aquí radica uno de los mayores conceptos erróneos sobre un bucle de retroalimentación efectivo. En muchos casos, la retroalimentación se ve como algo que se "da" a otra persona, se vuelve aún más complicado cuando se ve como algo que debe ser "entregado".

Cuando hay un énfasis en la entrega, corremos el riesgo de centrarnos más en lo que se dice en lugar de en un proceso que fomenta la reflexión y, en última instancia, la clarificación de las preguntas del receptor. A menudo, nos decidimos por lo que es la retroalimentación en términos de lo que las personas han hecho o no han hecho bien desde nuestra perspectiva. Luego se dedica tanto tiempo a trazar la retroalimentación que queremos compartir con la otra persona que se trata más de nosotros que de la persona o personas a las que estamos tratando de ayudar. Cuando se hace de esta manera, puede interpretarse como una crítica en lugar de un catalizador para el crecimiento.

Si el propósito es ayudar a otros a crecer, entonces se debe replantear la mentalidad de transmitir el mensaje o el consejo. La retroalimentación debe ser un diálogo, no un monólogo. Un enfoque conversacional puede conducir a cambios reales y de alto valor en la práctica. A continuación se presentan algunas razones específicas por las que la conversación es una parte integral del ciclo de retroalimentación:

+ El receptor ve que se trata más de él o ella que del dador.
+ Imparte un mayor sentido de confianza en nombre del receptor, lo que resulta en una relación más poderosa con el dador.
+ Crea el espacio para la reflexión abierta a partir de lo que se compartió.
+ Abre la puerta a la discusión sobre las posibles acciones a tomar.
+ Proporciona al receptor la oportunidad de presentar su propia perspectiva sobre la retroalimentación proporcionada. Esto

puede dar lugar a que se compartan pruebas o más contexto del que el donante podría no haber sido consciente cuando inicialmente proporcionó la retroalimentación.
- Un enfoque conversacional puede motivar a las personas a buscar comentarios.

Dar retroalimentación en forma de monólogo es un proceso anticuado que se puede mejorar, ya sea que esté trabajando con niños o adultos. En lugar de preparar cómo vas a transmitir el mensaje, piensa en crear las condiciones para optimizar la forma en que el receptor valorará la retroalimentación. Una conversación que incorpore el arte de escuchar contribuirá en gran medida a crear una cultura en el aula y en la escuela en la que no solo se busque e invite a la retroalimentación, sino que se actúe en consecuencia.

El valor de las tareas

Tengo tantos buenos recuerdos de mi infancia. Crecí en una zona relativamente rural del noroeste de Nueva Jersey que seguro que tuvo sus beneficios. Todos los días que regresábamos a casa de la escuela, mis hermanos y yo saltábamos del autobús y recorríamos diligentemente aproximadamente media milla hasta nuestra casa. Una vez en casa, nos quitábamos las mochilas, nos cambiábamos y jugábamos al aire libre durante el resto del día hasta que la cena estaba lista. Todavía recuerdo a mis padres gritando al gran abismo, tantas veces como estábamos en lo profundo del bosque o en la granja local. Había tareas, pero eran muy manejables hasta el punto de que mi madre tenía que recordarme que en realidad teníamos algunas durante nuestros años de primaria y secundaria.

Cuando no estábamos en aventuras en el bosque profundo, andábamos montando en bicicletas, jugábamos con el perro, nadábamos en la piscina, tirábamos al aro o nos metíamos en algún tipo de problema. La vida sí que era divertida y relativamente libre de estrés. Las cosas cambiaron un poco una vez que Atari y Nintendo se afianzaron.

Todavía dedicábamos la mayor parte de nuestro tiempo al juego al aire libre, pero ahora también se asignaba tiempo a jugar estos maravillosos videojuegos. Algunos días no podíamos esperar llegar a casa de la escuela y jugar Asteroids, Pac-Man, Donkey Kong, Techmo Bowl y Punch Out de Mike Tyson.

A medida que crecíamos, los deportes comenzaron a ocupar una gran parte de nuestras actividades al aire libre y los videojuegos después de la escuela a menudo pasaban a un segundo plano frente al béisbol, el fútbol, el fútbol americano, la natación y el baloncesto. Crecer en una zona rural nos permitió a mi hermano y a mí participar en muchos deportes. Parte de la razón por la que creo que mi infancia fue tan satisfactoria fue que había un claro equilibrio entre la escuela y el hogar. Desde el momento en que el autobús nos dejaba hasta que volvíamos a montarnos, la atención se centraba en el aprendizaje. Una vez en casa, sin embargo, el tiempo era relativamente escaso cuando se trataba de jugar y pasar tiempo de calidad con la familia y los amigos.

La vida de un niño hoy en día ha cambiado drásticamente. El juego, tanto dentro como fuera de la escuela, se ha convertido en un recuerdo lejano para muchos niños alrededor del mundo. Por razones que no tienen sentido para mí, a los niños se les asignan cantidades obscenas de tareas. En lugar de llegar a casa para relajarse, jugar y pasar un tiempo valioso con la familia y los amigos, los niños están estresados más allá de lo imaginable, ya que los exámenes de alto riesgo y las tareas se han convertido en la norma. ¿Por qué nos hemos desviado en esta dirección? Hay poca investigación que respalde el impacto de las tareas en el rendimiento de los estudiantes en los grados de jardín de infantes a séptimo. Cuando se asigne, debe ser en cantidades pequeñas y significativas.

No estoy a favor de abolir las tareas por completo. Cuando era niño, me asignaban tareas, pero era una cantidad manejable que no afectaba negativamente el tiempo social y de juego. Tampoco se utilizó de una manera de alto riesgo, como determinar una calificación. Como padre, quiero que mis hijos refuercen en casa lo que han aprendido durante la jornada escolar, pero lo más importante es que sean niños. Durante mi mandato como director, mi distrito profundizó en la investigación que se realiza con nuestros estudiantes de todos los niveles de grado y cambió nuestras prácticas de tareas. Todavía se asignaban tareas, pero había límites de tiempo para cada grado y no se podían usar para castigar académicamente a los estudiantes.

Quizás siempre habrá dos lados en este debate. Sin embargo, creo que deberíamos analizar detenida y objetivamente el impacto que está teniendo en nuestros hijos. Las prácticas actuales de tareas están haciendo que muchos estudiantes detestar la escuela y el aprendizaje. Si tus prácticas de tareas hacen que a los niños no les guste la escuela y/o el aprendizaje, eso por sí sólo debería decirte que algo debe cambiar.

Recuerdo haber asistido a un evento en mi antigua comunidad en el que los padres se lamentaban de la cantidad de tareas que tenían sus hijos. Sentía que me identificaba con ellos porque todas las noches mi esposa y yo nos peleábamos con nuestros hijos por las tareas. Mi hija lloró y se puso histérica. Se sentó en el auto y hizo la tarea para ir y volver de la práctica de porristas. En pocas palabras, esa era su vida después de la escuela. Completó la tarea durante los treintaicinco minutos de camino a la práctica de porristas. Después de dos o tres horas de práctica de porristas, volvió a trabajar en la tarea durante otros treintaicinco minutos en el camino a casa. A veces incluso tenía más trabajo una vez que llegaba a casa. Mi hijo se sentó y nos miró con un mirada vacía. Pregúntale a cualquier padre o hijo sobre sus sentimientos con respecto a las tareas en estos días y seguramente obtendrás una respuesta negativa.

Si actualmente trabajas en una escuela, considera esto. Independientemente de tus opiniones sobre las tareas, toma el tiempo para reflexionar sobre si realmente están teniendo un impacto positivo en el aprendizaje y la motivación de los estudiantes. Si se asignan tareas, considera un enfoque equilibrado de tareas significativas que refuercen el pensamiento y el aprendizaje de manera oportuna. Es hora de abordar el elefante en la habitación (la tarea) si el aprendizaje y el éxito de los estudiantes son el objetivo final.

Conversaciones reflexivas para impulsar el pensamiento

El Capítulo 4 profundizó en la importancia del andamiaje como una forma de empoderar a los estudiantes para que participen en el pensamiento reflexivo. También es importante que los docentes y los administradores participen en las oportunidades o creen las condiciones para reflexionar. La mayoría de los educadores desean una retroalimentación significativa que pueda usarse como catalizador para el crecimiento. Cuando se trata de mejorar el aprendizaje, la crítica por sí sóla rara vez, o nunca, conducirá a cambios en la práctica profesional. Esta es la principal diferencia entre los dos:

> **Retroalimentación**: información sobre las reacciones a un producto, el rendimiento de una persona, la finalización de una tarea, etcétera, que se utiliza como base para la mejora.
>
> **Crítica:** la expresión de desaprobación de alguien o algo basada en fallas o errores percibidos.

Al reflexionar sobre las dos definiciones anteriores, ¿qué camino preferirías? El éxito de la retroalimentación radica en una variedad de factores, como la facilitación de manera oportuna, detallando estrategias prácticas o específicas para mejorar, garantizar que el mensaje sea positivo, proporcionarlo de manera consistente y, a veces, elegir el medio adecuado para transmitir el mensaje. Sin embargo, una de las consideraciones más importantes es asegurarse de que se produzca una conversación bidireccional en la que haya un diálogo, no un monólogo. Prácticamente ningún educador quiere que se le dicten sugerencias.

Una reciente visita de coaching a una escuela me recordó la importancia que hay entre los dos. En el transcurso de un año, había estado trabajando con el distrito en el desarrollo de capacidades pedagógicas con y sin tecnología. Después de visitar numerosas aulas, me reuní con un equipo de nivel de grado y los administradores para facilitar una conversación significativa de retroalimentación sobre el terreno. En lugar de simplemente decirles lo que vi y pensé, les pedí que aclararan y discutieran sus lecciones utilizando las siguientes sugerencias:

- ¿Qué tan bien crees que fue la lección o la actividad?
- ¿Qué hubieras hecho diferente?

El objetivo aquí era que comenzaran a reflexionar tanto sobre los resultados positivos como sobre los desafíos que podrían haber experimentado. La mejora duradera proviene de nuestras propias comprensiones en cuanto a lo que se puede hacer para crecer y mejorar, en lugar de simplemente que nos digan cómo crecer y mejorar. Después de que algunos voluntarios compartieron cómo pensaban que había ido su lección, los desafié con las siguientes preguntas para facilitar un análisis más profundo de la efectividad de las lecciones desde su perspectiva:

- ¿Cómo sabes que tus hijos aprendieron?
- ¿Dónde estaba el nivel de pensamiento?
- ¿Cómo aplicaron los estudiantes su pensamiento de manera relevante y significativa?
- ¿Cómo empujaste a todos los niños, independientemente de dónde estuvieran?
- ¿Qué papel tuvo la tecnología en el proceso y quién fue el que la utilizó?
- ¿Qué estructuras de rendición de cuentas se establecieron?
- ¿Cómo crees que tus alumnos percibieron la lección?

Estas preguntas llevaron tanto a los maestros como a los administradores en el aula a pensar de manera más crítica sobre si las lecciones o actividades lograron el resultado deseado en relación con el objetivo alineado. Mi papel durante este tiempo fue simplemente plantear las preguntas y luego escuchar activamente. Lo que fue poderoso desde mi asiento fue que no tuve que compartir la mayoría de los comentarios que había escrito porque estos educadores los ofrecieron ellos mismos después de un análisis profundo de sus lecciones. Esto no quiere decir que no agregué más detalles o proporcioné estrategias específicas para mejorar, pero la cultura que se creó a través del uso de las preguntas anteriores fue más empoderadora y diseñada para impartir un sentido de propiedad entre todos los presentes, ya sea entre pares o desde una posición de supervisión, participa en un diálogo colaborativo durante cualquier conversación de retroalimentación. Luego dedica tiempo a procesar, reflexionar más y desarrollar pasos de acción para mejorar.

Son muchos los factores que contribuyen a la creación de una cultura de pensamiento y aprendizaje disruptiva tanto entre los estudiantes como entre los adultos: Es importante comprender algunos de estos fenómenos para determinar qué es lo que normalmente fomenta el éxito. A menudo escuché la frase de que queremos que nuestros estudiantes "piensen fuera de la caja". Para que nuestros estudiantes piensen fuera de la caja, primero debemos involucrarnos en prácticas atípicas cuando se trata de muchos temas, incluyendo las calificaciones, las tareas y la retroalimentación, así como reflexionar sobre nuestras prácticas actuales y considerar si están promoviendo o inhibiendo el pensamiento disruptivo por parte de nuestros estudiantes.

DESAFÍO DISRUPTIVO #7

Considere la posibilidad de participar en la práctica tú mismo. Por ejemplo, completa la misma tarea que tu o un colega asigna a los estudiantes durante una semana . Comparte tus reflexiones y cambios para poner en práctica en las redes sociales utilizando el hashtag #DisruptiveThink.

CAPÍTULO 8

Sustentando una cultura de pensamiento disruptivo

*"Lo más difícil es la decisión de actuar, lo demás es pura tenacidad.
Los temores son tigres de papel. Tú puedes
hacer todo lo que decides hacer."*
Amelia Earhart

Como gemelo idéntico, siempre fue un desafío ir a la escuela. Al principio, mi hermano y yo tuvimos que lidiar con el hecho de que nuestros profesores no podían distinguirnos. Mi abuela rectificó este problema equipándonos a cada uno de nosotros con cinturones que tenían nuestra primera inicial. A medida que envejecíamos más allá de los años de primaria, los maestros comenzaron a distinguirnos mejor debido a algunas ligeras diferencias en las apariencias que comenzaron a tomar forma, así como algunos cambios importantes en la personalidad. ¡Gracias a Dios por eso, porque nunca habríamos sobrevivido a los años de la escuela secundaria si todavía nos hubiéramos visto obligados a usar esos cinturones!

El segundo reto llegó en forma de logros académicos. Para mi gemelo, el aprendizaje y el éxito, basados en métricas tradicionales, llegaron muy fácilmente. Al menos a mí me pareció que no tenía que esforzarse mucho para obtener altas calificaciones en las evaluaciones. Obviamente, mi postura sobre las calificaciones y el aprendizaje ha cambiado mucho desde entonces, pero esto no obstante plantea otro desafío de ser gemelo. Tuve que estudiar el doble de tiempo o más solo para obtener una B en muchas de las mismas clases en las que mi hermano obtuvo una A, la escuela fue mucho más fácil para él.

Demuéstrale que te importa

Mi gracia salvadora vino en la forma de algunos maestros increíbles. Me encantan las ciencias de la vida, especialmente la biología. Mi amor por la ciencia finalmente me llevó a obtener una licenciatura en biología marina. Este interés genuino se apoderó de mí en el 7º grado gracias al Sr. South, mi profesor de ciencias de quien hablé en el capítulo 4. Cuando ingresé a la escuela secundaria, todavía tenía un gran interés en la ciencia, pero tenía dificultades en ciertos cursos como química y anatomía humana. La lucha se amplificó para mí porque mi hermano se destacó en ambos cursos.

Afortunadamente para mí, el Dr. Raymond Hynoski enseñó ambos cursos. A veces era un tipo peculiar, pero a veces era alguien que tenía una comprensión firme del contenido y ayudaba a los estudiantes a dominar los conceptos. Cada una de sus clases estaba llena de humor, relevancia e inspiración que hizo que todos en la clase se sintieran como si fueran a convertirse en químicos o médicos. Su característica más entrañable era cómo constantemente hacía todo lo posible para que todos los estudiantes supieran que le importaba. Cada día espero con ansias asistir a sus clases, incluso si tuve dificultades. Puede que no me haya ido tan bien como me hubiera gustado en sus cursos, pero me esforcé y el Dr. Hynoski fue capaz de enfatizar incluso los más mínimos éxitos en mis esfuerzos por aprender los conceptos. Tuve que tomar química. No fue una elección, pero anatomía era una asignatura optativa en la que me inscribí solo porque el Dr. Hynoski era el maestro.

Hay lecciones que nos enseñan educadores solidarios como el Dr. Hynoski. Se ejerce mucha presión sobre los maestros y administradores para que logren lo mejor a toda costa. Las clasificaciones, las percepciones de las partes interesadas sobre la importancia de los resultados de las pruebas estandarizadas y los cuadros de honor no hacen más que dificultar este problema. Esto es desafortunado porque las calificaciones y los puntajes no son lo que la mayoría de los estudiantes recordarán más adelante en la vida. Lo que resonará con los estudiantes mucho después de haber pasado por nuestras escuelas son los educadores que creyeron en ellos. La capacidad de los educadores para brindar esperanza y aliento que inspiran a los educandos a seguir sus sueños y aspiraciones proporciona un valor inestimable que a menudo no se reconoce públicamente, pero que se aprecia mucho en privado.

El poder de la empatía y el acto de cuidar puede significar la diferencia entre que un niño abandone la escuela o se mantenga durante el período de graduación para algunos niños, lo que les sirve como refugio del duro mundo que es su desafortunada realidad. También puede proporcionar lecciones invaluables que alimentan una trayectoria profesional que de otro modo no se habría imaginado. Demostrar que nos importa a diario solo requiere un poco de esfuerzo, pero la recompensa potencial es mucho más valiosa que lo que podríamos recibir en un sentido monetario.

Todos los niños tienen una grandeza escondida dentro de ellos: es el trabajo de un educador ayudarlos a encontrar y desatar esa grandeza. Como adultos, nunca debemos olvidar el poder de mostrar que nos preocupamos por nuestros estudiantes y entre nosotros. El aliento positivo y el apoyo recorren un largo camino para ayudar a los demás a enfrentar los desafíos de la vida mientras construimos relaciones duraderas. Tómate el tiempo para enviar una tarjeta por correo, hacer una llamada telefónica o enviar una forma electrónica de comunicación no sólo a los necesitados, sino a otras personas que lo deseen. No hay una forma correcta o incorrecta de nutrir a los demás, pero debemos ser intencionales con nuestros actos de cuidado. A menudo hablamos de la importancia de mostrar en lugar de contar. Decirle a alguien que te importa es importante. Pero demostrarles que te importan con actos constantes y diarios es aún más importante.

Saca lo mejor de los niños

No es ningún secreto que las grandes culturas sacan lo mejor de las personas, lo que a su vez conduce al éxito en todo el sistema. Sin embargo, el éxito es algo voluble. Puede haber indicadores específicos que se utilicen para cuantificar si una organización es buena o incluso excelente, pero no hay una receta establecida que yo conozca para lograr esta hazaña. Lo que sí sé es lo que no es el resultado de una persona o incluso de un departamento. Cuando se produce un cambio sistemático y conduce a resultados de mejora generalizados, siempre es el resultado de lo colectivo. Una persona, sin embargo, puede ser el catalizador de este tipo de cambio a través de una variedad de estrategias que empoderan a las masas para que sean lo mejor que puedan. Como un recordatorio para mí mismo en el trabajo que hago, creo un acrónimo que describe cómo sacar lo BEST/MEJOR de los demás.

- Belief/Creencia
- Empathy/Empatía
- Selflessness/Altruismo
- Trust/Confianza

La creencia es un superpoder, en mi opinión. Empoderar a los demás para que crean no solo en sí mismos, sino también en algo más grande que ellos mismos, conduce a un cambio innovador en el pensamiento y el aprendizaje disruptivos. Sin ella, las posibilidades de implementar y mantener el cambio son casi nulas. Creer en nuestros alumnos también contribuye en gran medida a que se involucren voluntariamente y tengan un pensamiento y una aplicación más desafiantes del aprendizaje.

SUSTENTANDO UNA CULTURA

La empatía significa, simplemente, mostrar a los demás que realmente tienes compasión por lo que están pasando. Es vital para nosotros imaginarnos en la posición de nuestros estudiantes. Esto nos da una mejor perspectiva sobre los desafíos y sentimientos de aquellos a quienes tenemos la tarea de servir. Decisiones mejores y más informativas pueden resultar de "caminar en los zapatos" de aquellos que se verán más afectados por las decisiones que tomemos. Una cultura de aprendizaje de pensamiento disruptivo comienza con una base de relaciones basadas en la confianza y sostenidas a través de la empatía.

El altruismo significa poner a los demás antes que a ti mismo tanto a través de tus palabras como de tus acciones. Se trata de ayudar a quienes nos rodean o están bajo nuestro cuidado y no buscar ningún reconocimiento o algo a cambio. Los mensajes enviados a través de comportamientos desinteresados edifican a las personas de más maneras de las que jamás sabrás. Al servir desinteresadamente a los demás, se creará una cultura de respeto y admiración y se fomentará una actitud de pensamiento y aprendizaje disruptivos. Incluso si estás en posición de responsabilizar a los demás, recuerda que eres tan responsable ante ellos como ellos lo son ante ti. Y todos somos responsables ante los estudiantes a los que servimos. Los comportamientos egoístas, por otro lado, hacen todo menos sacar lo mejor de los demás. La mayoría no está dispuesta a renunciar a sí misma o a trabajar más duro para alguien que no está dispuesto a modelar el altruismo.

La confianza puede ser el elemento más crítico cuando se trata de sacar lo mejor de los demás. En palabras de Brian Tacey (2010), "el pegamento que mantiene unidas todas las relaciones, incluida la relación entre el líder y sus seguidores, es la confianza, y la confianza se basa en la integridad". Sin confianza, no hay relación. Si no hay una relación, no se producirá un aprendizaje o cambio real. Con el fin de fomentar una cultura de pensamiento o aprendizaje disruptivo, primero debemos crear culturas de seguridad, en las que las personas se sientan seguras para hablar con honestidad, asumir riesgos, desafiar el status quo y ser vulnerables. Es imperativo reflexionar sobre cómo desarrollamos la confianza entre las personas con las que trabajamos, así como entre los estudiantes y las familias a las que servimos. Al reflexionar sobre su papel como educador, piense en cómo sus acciones sacan lo MEJOR de los demás para que participen en el pensamiento y el aprendizaje disruptivos.

Libera el potencial

Hay muchos elementos en el período de cambio, uno de los más poderosos es el de la autoeficacia. Casi cualquier persona puede identificar las metas que quiere lograr o los aspectos de su vida personal y profesional que le gustaría cambiar. Aquí es donde entra en juego la autoeficacia, que juega un papel importante en la forma en que se abordan las metas, las tareas y los desafíos y, en última instancia. se logran. Para mejorar el yo futuro, primero debemos reflexionar sobre nuestra realidad actual. El siguiente paso es decidir dónde queremos estar. Por último, se trata simplemente de iniciar medidas coherentes e incrementales para cerrar la brecha entre donde estamos hoy y donde finalmente deseamos llegar. El éxito en este esfuerzo requiere autoeficacia combinada con un salto de fe.

Para que la autoeficacia desempeñe un papel en el proceso de cambio, siempre debemos estar abiertos a la mejora, haciéndonos responsables del avance continuo. Por eso es tan importante que seamos nuestros críticos más destacados y que hagamos de la reflexión una parte diaria de nuestra rutina. No importa quién seas y lo que hagas, siempre hay oportunidades para ser mejor y punto, la pregunta es, ¿las perseguirás?

Cambiar, crecer y mejorar no se trata de alcanzar la perfección semi que no es una realidad en el mundo de nadie. Sin embargo, se trata de cómo podemos ser mejores cada día, convirtiéndonos finalmente en la mejor iteración de nuestro yo único. Nuestro potencial a menudo se ve inhibido por una mentalidad fija o una falta de voluntad para crecer, como se describe en el Capítulo 2. A menudo percibimos que nuestros talentos e ideas no están siendo tan buenos. Sin embargo, si observamos dónde dedicamos más y menos tiempo y esfuerzo a nuestra práctica, podemos empezar a liberar un potencial que nunca pensamos que fuera posible. Está bien no tener claro en un día determinado dónde queremos estar exactamente. De hecho, parece que esta es mi realidad diaria. La clave es nunca pensar que tu realidad actual es "lo suficientemente buena".

Si queremos ayudar a aquellos a quienes servimos o con los que trabajamos a liberar todo su potencial, primero debemos modelar el camino. Piensa en dónde estás y dónde quieres estar eventualmente. Aplique el mismo enfoque a su salón de clases, escuela, organización o distrito. Entonces da el salto de fe; Confía en tus habilidades innatas iniciales para mejorar de maneras que nunca creíste posibles. ¿Todo siempre saldrá como tú quieres? Lamentablemente, no. Solo recuerde que cada viaje, sin importar el resultado, proporciona una experiencia de aprendizaje invaluable. No hay mejor momento que ahora para aprovechar todo tu potencial.

"¿Qué si...?" en vez de "Sí, pero»

Imagínate si todo saliera según lo planeado en la vida. Si este fuera el caso, no estoy seguro de que hubiera discusiones prolongadas sobre el cambio de mentalidades. Como todos somos muy conscientes, incluso si se tienen en cuenta diligentemente muchas variables potenciales, es posible que las cosas no salgan como se planeó. Cuando esto sucede, no solo es frustrante, sino que también afecta nuestra psique, lo que resulta en una aprensión de probar algo nuevo o diferente en el futuro. El dicho "lo que se planea, se hace" todavía se mantiene válido hasta cierto punto. Sin embargo, el resultado podría afectar su motivación posterior para innovar hasta el punto de que se modere o incluso se ahogue.

Dejando a un lado la planificación, hay otro elemento inhibitorio que acecha en toda cultura organizacional, incluida la educación, y son las excusas. Todos enfrentamos desafíos en el lugar de trabajo profesional, como la falta de tiempo, la falta de fondos, las realidades sociales, el apoyo limitado, demasiadas iniciativas o mandatos, la falta de colaboración, los detractores y los antagonistas, por mencionar algunos. Todos estos son desafíos legítimos y tenemos que trabajar aún más duro y diligentemente para encontrar soluciones viables para superarlos, especialmente si el objetivo es lograr que todo el personal y los estudiantes practiquen el pensamiento y el aprendizaje disruptivos. Mi preocupación surge cuando los desafíos que siempre estarán presentes de una forma u otra eventualmente se transforman en excusas que nos impiden convertirnos en lo mejor de nosotros mismos.

A veces nos encontramos en medio de una crisis. Independientemente de la situación, solo se puede usar como una "excusa" para un período tan largo de horas extras, estas excusas se convierten en patrones y hábitos que pueden detenernos para siempre si no los abordamos con diligencia y honestidad. Se utilizan de forma rutinaria cuando nuestra mente subconsciente nos hace sentir que no somos inteligentes, talentosos, que somos lo suficientemente buenos como para tener lo que queremos o merecemos. Esta línea de pensamiento comienza el proceso en el que comenzamos a ver estos fenómenos externos como excusas de por qué no podemos hacer lo que queremos hacer.

Si seguimos dando excusas, se convierte en un hábito, e incluso en una forma de vivir. Esto puede prohibirnos desarrollar potencial en nosotros mismos y en los demás. Para superar esta posible trampa, debemos encontrar o exponer aún más nuestro propósito en lo que se relaciona con lo que hacemos. En palabras del comediante Michael Junior (2017) "Cuando sabes tu *porqué*, eres *lo que* tiene más impacto, porque estás caminando en o hacia tu propósito".

Con una comprensión firme de nuestro propósito, es más fácil abordar los desafíos con una actitud de "¿Qué pasaría si?" en lugar de una disposición de "sí, pero". El primero personifica una mentalidad de crecimiento y proporciona la motivación necesaria para impulsar el cambio innovador, incluso si el resultado deseado no está garantizado. Piense en lo importante que es este cambio de pensamiento cuando se trata de ayudar a nuestros alumnos a encontrar el éxito. Un enfoque de "¿Qué pasaría si?" mira más allá de cualquier desafío para ayudar a los niños que más lo necesitan. Y a veces, todos los niños a los que servimos son los que más lo necesitan. También ayuda a descargar nuestro potencial y talentos ocultos.

Celebra dónde estás y lo que has logrado, pero nunca te vuelvas complaciente. La búsqueda de llegar a tu destino final comienza por comprender que no hay un destino final, excepto seguir adelante y mejorar. Implementar y practicar el pensamiento disruptivo es un viaje interminable tanto para nosotros como para nuestros estudiantes. Tenemos que centrarnos en los "¿Qué pasaría si?" en lugar de en los "sí, peros" para ayudarnos en este viaje.

La mentalidad correcta

Hay puntos en nuestra vida profesional que nos cambian para mejor. Recuerdo vívidamente uno de esos momentos en 2009 cuando le quité un dispositivo a un estudiante que lo tenía en el pasillo. Dado que esto era una violación de la política de la escuela, confisqué inmediatamente el dispositivo, porque esto es lo que pensé que debía hacer para garantizar una cultura escolar libre de distracciones y centrada únicamente en el aprendizaje tradicional. Ayudé a redactar la política del distrito que bloquea las redes sociales y, a nivel escolar, me aseguré de que no se vieran ni escucharan dispositivos móviles. Cuando el estudiante me entregó su dispositivo para evitar una suspensión de un día en la escuela por desafío abierto, su mensaje para mí sacudió mi mundo, y no en el buen sentido. Me agradeció por crear una cárcel a partir de lo que debería ser una escuela. Este fue el momento en el tiempo que marcó el comienzo de mi viaje para convertirme más en un pensador disruptivo que en un educador profesional.

Una mentalidad es una actitud, disposición o estado de ánimo con el que una persona aborda una situación. En resumen, es una creencia que determina la decisión que tomamos, las acciones que se llevan a cabo y cómo se manejan las situaciones. La forma en que pensamos y actuamos puede ayudarnos a identificar oportunidades de mejora. Las mentalidades también pueden funcionar como un obstáculo para el progreso. Nuestra aprensión natural y el miedo asociados con el cambio habitan en nuestra capacidad de perseguir nuevas ideas e implementarlas con fidelidad. Para que el cambio sostenible se arraigue y florezca, debe existir la creencia de que nuestras acciones pueden mejorar significativamente los resultados. La mejor idea proviene de aquellos que constantemente impulsan su pensamiento, así como el pensamiento de los demás. Las mentalidades van mucho más allá de lo que una persona piensa o siente. Gary Klein (2016) articula elocuentemente qué son las mentalidades y por qué son importantes:

"Las mentalidades no son cualquier creencia. Son creencias que orientan nuestras reacciones y tendencias. Cumplen una serie de funciones cognitivas. Nos permiten enmarcar las situaciones: dirigen su atención a las señales más importantes, para que no nos sintamos abrumados por la información. Sugieren metas sensatas para que sepamos lo que debemos tratar de lograr. Nos preparan con cursos de acción razonables para que no tengamos que averiguar qué hacer. Cuando nuestras mentalidades se vuelven habituales, definen quiénes somos y quiénes podemos llegar a ser". (párr. 10)

Las mentalidades no tienen un alcance limitado y pueden dividirse en numerosos subconjuntos. El objetivo final de nuestro trabajo es transformar todas las facetas de la educación para mejorar fundamentalmente el pensamiento de todos los alumnos, tanto estudiantes como adultos. La voluntad y el deseo de cambiar deben estar respaldados por la acción, la responsabilidad y la reflexión. Hacer las cosas de manera diferente, subirse al último carro y afirmar que una nueva forma es una mejor manera solo importa si hay evidencia real de mejora.

El impacto que tienes

Hay una historia de hace años que habla de una inteligente maestra de escuela primaria cuyo nombre era la Sra. Thompson. Debes haberlo escuchado antes, pero nunca es una mala idea recordarte a ti mismo el impacto que tienes como educador y este poderoso mensaje deja claro ese impacto cada vez que lo escucho:

Mientras se paraba frente a su clase de 5º grado el primer día de clases, les contó a sus niños una mentira. Como la mayoría de los maestros, miró a sus estudiantes y les dijo que los amaba a todos por igual. Pero eso simplemente no era cierto, porque allí, en la primera fila, desplomado en su asiento, estaba un niño llamado Teddy Stoddard.

La señora Thompson había visto a Teddy el año anterior y se había dado cuenta de que no jugaba bien con los otros niños. Su ropa estaba desordenada y constantemente necesitaba un baño. Teddy podía ser desagradable a veces. Llegó al punto en que la señora Thompson se deleitaba marcando sus papeles con un bolígrafo rojo ancho y haciendo X en negrita y, finalmente, poniendo una gran F en la parte superior de sus papeles.

En la escuela donde la Sra. Thompson enseñaba, se le exigía que revisara los antecedentes de cada niño. Dejó la de Teddy para el final. Cuando finalmente revisó su expediente, se llevó una sorpresa. La maestra de primer grado de Teddy escribió: "Teddy es un niño brillante, con una risa pronta. Hace su trabajo con pulcritud y tiene buenos modales. Es un placer estar con él". Su maestra de segundo grado escribió: "Teddy es un excelente estudiante y muy querido por sus compañeros de clase. Pero está preocupado porque su madre tiene una enfermedad terminal y la vida en casa debe ser una lucha. Su maestra de tercer grado escribió: "La muerte de su madre ha sido dura para él. Intenta hacer lo mejor que puede, pero su padre no muestra mucho interés. Su vida familiar pronto lo afectará si no se toman medidas. La maestra de 4º grado de Teddy escribió: "Eddie es retraído y no muestra mucho interés en la escuela. No tiene muchos amigos y a veces hasta duerme en clase".

A estas alturas, la señora Thompson se había dado cuenta del problema y se avergonzaba de sí misma. Se sintió aún peor cuando sus alumnos le trajeron el regalo de Navidad envuelto en hermosas cintas y papel brillante, a excepción del de Teddy. Su regalo estaba torpemente envuelto en un grueso papel marrón que sacó de una bolsa de supermercado. La señora Thompson se esforzó por abrirlo en medio de los demás regalos. Algunos de los niños comenzaron a reír cuando encontró un brazalete de pedrería al que le faltaban algunas de las piedras y una botella que estaba llena de perfume en una cuarta parte, pero ha reprimido la risa de los niños cuando expresó lo bonito que era el brazalete mientras se lo ponía y luego se untaba un poco de perfume en la muñeca. Teddy Stoddard se quedó después de la escuela ese día el tiempo suficiente para decir: "Sra. Thompson, hoy huele igual que mi mamá solía hacerlo". Después de que los niños se fueron, lloró durante al menos una hora.

Ese mismo día, dejó de enseñar a leer, escribir y aritmética y en su lugar comenzó a enseñar a los niños. La señora Thompson comenzó a prestar mucha atención a Teddy mientras trabajaba con él. A medida que pasaba el tiempo, su mente parecía cobrar vida. Cuanto más lo animaba, más rápido respondía. Al final del año, Teddy se había convertido en uno de los niños más inteligentes de la clase. A pesar de su mentira, se había convertido en una de las mascotas de su profesor. Un año más tarde, encontró una nota debajo de la puerta de Teddy diciéndole que ella era la mejor maestra que había tenido en toda su vida.

Pasaron cuatro años más y llegó otra carta. Esta vez, le explicó que después de obtener su licenciatura, había decidido ir un poco más allá, asegurándole que ella seguía siendo la mejor y favorita maestra que había tenido. La carta estaba firmada por F Stoddard, MD.

La historia no termina ahí. Hubo una última carta esa primavera. Teddy dijo que había conocido a esta chica y que se iba a casar. Le explicó que su padre había muerto hacía un par de años y que se estaba preguntando si la señora Thompson estaría de acuerdo en sentarse en el lugar, en su boda, que normalmente estaba reservado para la madre del novio. Por supuesto, la señora Thompson lo hizo. Llevaba ese brazalete, el que le faltaba a varios diamantes de imitación. También se aseguró de llevar puesto el perfume que Teddy recordaba que su madre había usado en su última Navidad juntos. Después de la boda, se abrazaron mientras el Dr. Stoddard susurraba al oído de la Sra. Thompson: "Muchas gracias por hacerme sentir importante y demostrarme que podía marcar la diferencia".

La señora Thompson, con lágrimas en los ojos, le susurró: "Teddy, lo tienes todo mal. Fuiste tú quien me enseñó que marcaría la diferencia. No sabía enseñar hasta que te conocí".

SUSTENTANDO UNA CULTURA

La conmovedora historia escrita por Elizabeth Silance Ballard apareció como una obra de ficción en la revista *Home Life* en 1974. Todavía nos habla a todos de una forma u otra. Aunque es posible que hayas escuchado esta historia anteriormente durante tu carrera en educación, la lección sigue siendo la misma y vale la pena repetirla. Proporciona un recordatorio importante de su impacto en los niños ahora y en el futuro. Mientras leía esta pieza de ficción, probablemente le vinieron a la mente sus propios "Teddy Stoddards". Interesante"

Nunca subestime su papel vital en el impacto de la vida de un niño. Es posible que los estudiantes no se den cuenta ahora, pero más adelante en la vida muchos te agradecerán a su manera por creer en ellos y comprometerte con ellos. Para preparar completamente a todos los alumnos para su futuro, debemos crear aulas en las que el pensamiento disruptivo sea un componente importante del proceso de aprendizaje. Sin embargo, el pensamiento disruptivo en las aulas sólo será una realidad cuando existan relaciones impagables. Con esto en su lugar, su impacto se sentirá durante generaciones, ya que los estudiantes a los que influye hoy alteran el nuevo mundo audaz de maneras que lo cambian, y nos cambian, para mejor.

Recursos

La premisa del libro ha sido interrumpir nuestra práctica profesional para interrumpir nuestro (y más importante, el pensamiento de nuestros estudiantes). Para preparar el aprendizaje para el futuro, necesitamos evaluar cómo empoderamos a los estudiantes para pensar de manera más disruptiva. A lo largo de este libro, encontrarán recursos que se alinean con el contexto de capítulos específicos para ayudar a aportar la claridad necesaria. He incluido estos enlaces a continuación. Dado que son documentos de Google, el contenido se actualizará regularmente. Sin embargo, muchos educadores quieren saber cómo se ve esto en la práctica. Con tanto énfasis en estos días en el "por qué", el "cómo" y el "qué" generalmente están ausentes. Lo que los estudiantes y los docentes hacen y cómo lo hacen sigue siendo importante, y todos mejoramos cuando compartimos mejores formas de hacer lo que hacemos para empoderar a nuestros estudiantes a pensar de manera disruptiva.

Mientras que el libro describe el "cómo" en muchos casos, quise incluir artefactos de evidencia del campo. En mi trabajo con escuelas de todo el mundo, puedo ver de primera mano prácticas innovadoras que desafían el status quo. Aquí verán cómo los conceptos del libro, combinados con los comentarios que he proporcionado, han resultado en cambios en la práctica. Mi esperanza es que estos ejemplos ayuden a los lectores a allanar el camino para estrategias de pensamiento disruptivo en sus aulas o escuelas. Esto será un trabajo en progreso y se agregarán nuevos ejemplos regularmente, así que por favor sigan regresando.

Artefactos de evidencia (específico de aulas y escuelas que se alinean con las estrategias cubiertas en este libro) – **bit.ly/disruptartifacts**
Herramientas Edtech (Capítulos 3 y 6) – **bit.ly/edtechdisrupt**
Plantilla de rotación de estación (Capítulo 5) – **bit.ly/SRtemp**
Plantilla tablero de elección (Capítulo 5) – **bit.ly/CBtemplates**

Referencias

Adams-Bliar H., & Oliver G. (2011). Movimiento en el aula todos los días. Integrar actividades físicas al aula. International Journal of Health, Wellness, & Society, 1 (3), 147-154.

Anderson, L. W., & Krathwohl, D. R. (Editores). (2001). Una taxonomía para el aprendizaje, enseñanza y evaluación: una revisión de La taxonomía de los objetivos de la educación de Bloom. Longman, Nueva York.

Arrunda, W. (2015). Por qué el fracaso es esencial para lograr el éxito. Recuperado en

www.forbes.com/sites/williamarrunda/2015/05/14/why-failure-is-essential-to-success/?sh=67de08d17923

Bandura A. (1986). Bases sociales del pensamiento y acción: una teoría cognitiva social. Englewood Cliffs, NJ: Prentice-Hall.

Barrett, P., & Zhang Y. (2009). Espacios de aprendizaje óptimos: las implicaciones del diseño de las escuelas primarias. Salford, UK: Design and Print Group.

Barrett, P., Zhang Y., Davies, F., & Barrett, L. (2015). *Aulas inteligentes: resumen de los hallazgos del proyecto HEAD (Holistic Evidence a Design/Evidencia holística y diseño)*. Salford, UK: University of Salford, Manchester.

Barrett, P., Zhang Y., Moffat, J., & Kobbacy, K. (2013). Un análisis holístico y multinivel que identifica el impacto del diseño de las aulas en los estudiantes.

La construcción y el entorno/Building and Environment. 59, 678-689.

Benner, M., Brown, C., & Jeffrey, A. (2019). Elevando la voz del estudiante en la educación. Recuperado en www.americanprogress.org/issues/education-k-12/reports/2019/08/14/473197/elevaating-student-voice-education/

Bosler, K. (2103). Hazte tiempo para el asombro/Make Time for Awe. Recuperado de wwww.the atlantic.com/health/archive/2013/12/make-time-for-awe/282245/

Braniff C. (2011). Percepciones de un aula activa. Exploración del movimiento y colaboración con los estudiantes del 4to grado. Networks: Un jornal en línea para las investigaciones de docentes, 13 (1).

Bransford, J. D., Brown, A. L., & Cocking, R. R. (2000). *Cómo las personas aprenden: cerebro, mente, experiencia y escuela.* National Academy Press: Washington D.C.

Briggs, S. (2004). *Cómo hacer el aprendizaje relevante a tus estudiantes (y por qué es relevante a su éxito.* Recuperado de www.open colleges.edu.au/informed/features/how-to-make-learning-relevant/

Browning C., Edson A. J., Kimani P., Aslan-Turak F. (2014). Conocimiento del contenido matemático para ensenar la matemática elemental: Un enfoque en la geometría y medidas. Mathematics Enthusiasts, 11 (2), 333-383.

Clark, R. C., & Mayer, R. E. (2008). Aprender observando versus aprender haciendo. Pautas para entornos del aprendizaje basado en principios. Mejora de rendimiento., 47 (9)9, 5-13.

Comer, J. (1995). Conferencia impartida en el Centro de servicio de educación, Región IV, Houston, Texas.

Costa, A. L., & Kallick, B. (2008). Aprendiendo y dirigiendo con hábitos mentales: 16 características para lograr el éxito. Asociación para desarrollar la supervisión y el currículo: Alexandria, Virginia.

de Winstanley, P. & Bjork, R. (2002). Aprendizaje exitoso: Presentando información de manera que se produzca un procesamiento eficaz. Nuevas direcciones para la enseñanza y el aprendizaje. 89, 19-33.

Dornhecker, M., Blake, J., Benden, M., Zhao, H., & Wendel, M. (2015). El efecto de los escritorios de pie en la participación académica: Un estudio exploratorio. International Journal of Health Promotion and Education.

Dweck, C. S. (2006). Mindset: La nueva psicología del éxito. Nueva York: Random House.

REFERENCIAS

Erwin H., Fedewa A., & Ahn S. (2013). El rendimiento académico estudiantil como resultado de una intervención en la actividad física de un aula. Un estudio piloto, International Electronic Journal of Elementary Education, 5 (2), 109-124.

Fisher, A., Godwin, K., & Seltman, H. (2014). Entorno visual, alocución de la atención y el aprendizaje en los niños. Cuando algo demasiado bueno puede ser malo. Psychological Science, 25 (7), 1362-1370.

Fleming, L. (2017). La guía de arranque hacia crear un GRAN *makerspace*. Corwin: Thousand Oaks, California.

Finley, T. (2013). Repensando la discusión en toda el aula. Recuperado de www.edutopia.org/blog/

rethinking-whole-class-discussion-todd-finley

Ford, H. (1922). Mi vida y trabajo. Binker North.

Ford, K. N. (2016.) El impacto del movimiento físico en el aprendizaje académico. Proyectos culminantes en el desarrollo de maestros. 13.

Freeman, S., Eddy, S. L., McDonough, M., Smith, M. K., Okoroafor, N., Jordt, H. & Wenderoth, M. P. (2004). El aprendizaje active aumenta el rendimiento del estudiantes en la ciencia, ingeniería y matemáticas. *Proceedings of the National Academy of the Untied States of America*. 111(23), 8410-8415.

Ganske, K. (2017). La conclusión de una lección: una importante pieza en el rompecabezas del aprendizaje del estudiante. The Reading Teacher. 70(1), 100.

Garner, B. (2017). El temor tiene dos sentidos – cuál de ellos escogerás. Recuperado de www.bobgarner-

online.com/blog/

Gerstein, J. (2015). Todo niño tiene valor. Recuperado de usergenerateeducation. wordpress.com/2015/02/27/all-kids-have-worth/

Ginsberg, K. R. (2007). La importancia del juego en promover el desarrollo saludable del niño y en mantener un fuerte vínculo entre padres e hijos. Pediatrics 119, 182-191.

Goodwin, B. & Miller, K. (2012). La buena retroalimentación está dirigida, específica y oportuna. *Educational Leadership*. 70(1), 82-83.

Guskey, T. R. (2000). Normas de calificación que funcionan contra los estándares ... y como arreglarlas. NASSSP Bulletin. 84(620), 20-29.

Halpern, D. F. & Hakel, M. D. (2003). Aplicando la ciencia del aprendizaje. *Change: The Magazine of Higher Learning*, 35(4), 36-41.

Harrie, J. (2008). Aprendizaje visible. Routledge, Boca Raton, Fl.

Hatton, N. & Smith, D. (1995). Reflejando sobre la educación del maestro. Hacia una definición e implementación. *Teaching and Teacher Education*, 11(1), 33-49.

Henderson, P. &Karr-Kidwell, P. J. (1990). Evaluación auténtica: una revisión literaria extensa y recomendaciones para los administradores. Recuperado de ERIC DatabaseED41840.

Hughes, J. (Productor y director) (1986). *La escapada de Ferris Beuller* [película] United States Paramount Pictures.

Hunter, M. (1967). Enseña más - más rápido. TIP Publications: El Segundo, CA.

Junior, Michael (2017). Encuentra tu porqué. Recuperado de www.youtube.com/watch?v=

1ytFB8TrkTo&ab_channel=MichaelJr.

Junkala, J. (2018). El confort es el enemigo del progreso. Recuperado de médium. com/@joanjunkala/comfort-is-the-enemy-of-progress-3c861f758a6f

Klein, G. (2016). Mentalidades: Lo que son y por qué son importantes. Recuperado de www.psycholgytoday.com/us/blog/seeing-what-others-don't/201605/mindsets.

Kohn, A. (2011). El caso contra las calificaciones. Educational Leadership, 69(3), 28-33.

Lenz, M. (2016). 3 categorías de creencias, y por qué separarlas es importante. Recuperado de www.biblicalleadership.com/blogs/3-categories-of-beliefs-and-why-separating-them-is-important/

Lew, M. & Schmidt, H. (2011). Auto-reflexión y el rendimiento académico: ¿Existe alguna relación? *Advances in Health Sciences Education: Theory and Practice*. 16, 529-545.

REFERENCIAS

Martunuzzi, B. (2009). El líder como Mensch: Conviértete en el tipo de persona que otros quieren seguir. Freedom, CA: Six seconds.

Mayer, R. E. (2011). Aplicando la ciencia del aprendizaje. Nueva York, NY: Pearson.

McDermott, K. B., Agarwal, P. K., D'Antonio, L., Roediger III, H. L., & McDaniel, M. A. (2014). Tanto los cuestionarios de opción múltiple como los de respuesta corta mejoran el desempeño en exámenes posteriores en las escuelas medias y secundarias. *Journal of Experimental Psychology: Applied*, 20 (1), 3-21.

McTighe, L. (2015). ¿Qué es una tarea de desempeño? (Segunda parte) Recuperado de blog.performancetask.com/what-is-a-performance-task-part-1-9fa0d99ead3b

Nicol, D. (2010). Del monólogo al diálogo: mejorando la retroalimentación escrita in la educación superior en masa. Assessment & Evaluation in Higher Education, 35(5), 501-517.

O'Connor, K. (2007). Un kit de reparación para las calificaciones : 15 soluciones para calificaciones defectuosas. Portaland, OR: Educational Testing Service.

O'Connor, K., & Wormeli, R. (2011). Reportando el aprendizaje del estudiante. Educational Leadership, 69(3), 40-44.

Reeves, D. B. (2004). El caso contra el cero. Phi Delta Kaphan, 86(4), 324-325.

Reeves, D. B. (2008). Prácticas de evaluación efectivas. Educational Leadership, 65(5). 85-87.

Revington, S. (2016). Definiendo el aprendizaje autentico. Recuperado de authenticlearning.weebly. com/

Rose, E. J., Sierschynski, J., & Björling, E. A. (2016). Reflexionando sobre reflexiones: usando videos en la reflexión sobre el aprendizaje para mejorar la autenticidad. Journal of Interactive Technology & Pedagogy, 9. Recuperado de https://jitp.commons.gc.cuny.edu/reflecting-on-reflections-using-video-in-learning-reflection-to-enhance-authenticity/

Sattelmair, J., & Ratey, J, J. (2009). Juego físico activo y cognición. *American Journal of Play*, 3, 365-374.

Scott-Webber, L., Strockland, A., & Kapitula, L. (2014). Cómo el diseño del aula afecta el compromiso del estudiante. Steelcase Education.

Sheninger, E. (2019). Liderazgo digital: Cambiando los paradigmas en los tiempos cambiantes. (2da edición) Corwin: Thousand Oaks, CA.

Sheninger, E. (2015). Aprendizaje poco común. Corwin: Thousand Oaks, CA.

Sheninger, E. & Murray, T. (2017). El aprendizaje transformado: 8 claves para diseñar las escuelas del futuro hoy día. ASCD: Alexandria, VA.

Sinek, S. (2009). Como los gran líderes inspiran acción. Recuperado de: www.ted.com/talks/simon-sinek-how-great-leaders-insipre-action

Smith, M. K., Wood, W. B., Adams, W. K., Wieman, C., Knight, J. K., Guild, N. & Su, T. T. (2009). Por que discusiones con sus compañeros mejoran el rendimiento de los estudiantes en las preguntas de concepto en el aula. Science 323 (5910): 122-124.

Spiro, R. J. & Jehng, J. (1990). Flexibilidad cognitive e hipertexto: Teoría y tecnología para el recorrido no lineal y multidimensional de temas complejos. En D. Nix & R. Spiro (editores), *Cognition, Education and Multimedia*. Hillsdale, NJ: Erlbaum.

Stockyard, Jean,. Wood, W. B., Timothy & Coughlin, Cristy & Rasplika Khoury, Caitlin. (2018). La efectividad de un currículo de instrucción directa: un meta análisis de medio siglo de investigaciones. *Review of Educational Research*: 88(4).

Tomlinson, C. (2016). Cómo lideran los mejores lideres. AMACOM.

Trambley, E. (2017). Descansos en el aula de primaria y su efecto en el comportamiento de los estudiantes. Capstone Projects and Master's Thesis, California State University Monterey Bay.

Vazo, S., Gravilon. P., Mamalaki, E., Papanastasiou, A., & Sioumala, N. (2012). ¿Cómo afecta la integración de actividades físicas en las aulas de las escuelas primarias la motivación académica? *Journal of Sport & Exercise Psychology*, 10(4), 251-263.

Voltz, D. L., & Damiano-Lantz, M. (1993, Summer). El desarrollo de la propiedad en el aprendizaje. Teaching Exceptional Children, 18-22.

REFERENCIAS

Wiggins, D. I., & Tighe, J. (2004). Comprensión por diseño libro de trabajo de desarrollo profesional. Association for Supervision and Curriculum Development: Alexandria, VA.

William. D. (2011). Evaluación formative integrada. Solution Tree Press: Bloomington, IN.

Wormeli, R. (2006). Lo justo no siempre es igual: Evaluar y calificar en un aula diferente. Portland, ME: Stenhouse Publishers/

Agradecimientos

La verdadera innovación en la educación ocurre cuando los educadores, las escuelas y los distritos toman ideas y las implementan de maneras que conducen a cambios positivos en los resultados. A lo largo de este libro, mencioné numerosas experiencias de coaching para ayudar a contextualizar y fortalecer los puntos que intentaba expresar. Puedo decir con sinceridad que este manuscrito nunca se habría materializado si no fuera por los increíbles educadores con los que he tenido la suerte de trabajar en proyectos a largo plazo de manera continua. Gracias a los maestros y administradores de las siguientes escuelas y distritos, quienes no solo han moldeado mi forma de pensar, sino que también me han mostrado lo que es posible en la educación cuando se toma acción colectiva para crear una cultura que apoya el pensamiento disruptivo.

Corinth School District (Corinth, MS)
Davis School District (Farmington, UT)
Elmhurst School District 205 (Elmhurst, IL)
Howell Elementary STEM School (Colombia, TN)
Ida Redmond Taylor Elementary School (Santa Maria, CA)
Juab School District (Nephi, UT)
Mount Olive School District (Flanders, NJ)
Paterson Public Schools (Paterson, NJ)
Wechawken Township School District (Wechawken, NJ)
Wells Elementary School (Cypress, TX)

Cada ejemplo en el libro, ya sea directo o sutil, se materializó a partir de las escuelas y distritos mencionados anteriormente. Aunque mi trabajo era apoyar a estos educadores, al hacerlo, aprendí tanto de ellos de maneras que siguen influyéndome y empoderándome en mi trabajo.

Sobre el autor

Eric Sheninger es socio asociado del Centro Internacional para el Liderazgo en Educación (ICLE) Antes de esto, fue el galardonado director de New Milford High School. Bajo su liderazgo, la escuela se convirtió en un modelo mundialmente reconocido por sus prácticas innovadoras. Eric supervisó la implementación exitosa de varias iniciativas de cambio sostenible que transformaron radicalmente la cultura de aprendizaje en su escuela y aumentaron el rendimiento.

Su trabajo se centra en empoderar a los educadores para que liberen el potencial de todos los alumnos, así como de ellos mismos. Eric se ha convertido en un líder innovador, autor de best-sellers y orador muy solicitado. Eric ha recibido numerosos premios y reconocimientos por su trabajo. Ha recibido el premio Center for Digital Education Top 30, el premio Bummy, el premio Digital Principal de la Asociación Nacional de Directores de Escuelas Secundarias, el premio Phi Delta Kappa Emerging Leader Award, el premio a la Excelencia en la Práctica Profesional de Learning Forward, el Google Certified Innovator, el Adobe Education Leader y el becario de la conferencia de la Asociación para la Supervisión y el Desarrollo Curricular 2011. Es autor o coautor de varios libros, entre ellos los best-sellers *Digital Leadership: Changing Paradigms for Changing Times: Uncommon Learning: Creating Schools That Work for Kids* y *Learning Transformed: 8 Keys for Designing Tomorrow's Schools, Today.*

Eric comenzó su carrera en educación como profesor de ciencias en la Escuela Secundaria Regional Watchung Hills en Warren, Nueva Jersey. Luego hizo la transición al campo de la administración educativa, primero como director deportivo y supervisor de educación física y salud y luego como subdirector en el distrito escolar de New Milford. Durante su carrera administrativa, se ha desempeñado como oficial de acción afirmativa del distrito y es el actual presidente de la Asociación de Administradores de New Milford.

Eric obtuvo una Licenciatura en Ciencias de la Universidad de Salisbury, una Licenciatura en Ciencias de la Universidad de Maryland Eastern Shore y una Maestría en Educación en Administración Educativa de la Universidad de East Stroudsburg.

Notas

¹ **Teoria de instrucción en práctica/***Instruction Theory Into Practice* **(ITIP)** Modelo creado por Madeline Hunter (1916-1994), una educadora norteamericana que creo el modelo para la enseñanza y aprendizaje que fue ampliamente adoptado por las escuelas durante los años desde 1970 a 1980. De acuerdo con Hunter, los 7 componentes más importantes de la educación eran: 1. Conocimiento del crecer y desarrollo del humano, 2. El contexto, 3. Manejo del salón de clase, 4. Los materiales, 5. La planificación, 6. Las relaciones humanas y 7. Las habilidades de enseñanza.

² **Artes de la lengua inglesa/***English Language Arts* **(ELA)**

³ **Formato de intercambio de graficas/***Graphics Interchange Format* **(GIF)** Un formato de file que soporta ambos imágenes estáticos y animados. El GIF se hizo popular como un método de reaccionar en los medios sociales sin tener que utilizar palabras.

⁴ **Agencia estudiantil/***student agency* se relaciona con el estudiante que tiene un papel activo en su aprendizaje por medio de su voz, y muchas veces por su preferencia, en el proceso. El

aprendizaje por medio de proyectos o problemas abre oportunidades basadas en la agencia de los estudiantes por medio de actividades que les son interesantes y. Cuando el estudiante hace, crea, comparte, colabora y publica de una manera significante para ellos.

⁵ **Realidad aumentada/***Augmented Reality* **(AR)** una experiencia interactiva que combina el mundo real con un contenido de 3D generado por computadora. El uso de información tiempo real con en la forma de textos, graficas, audio y otras mejoras virtuales con objetos del mundo real. Es el elemento "mundo-real" que distingue AR de la realidad virtual.

⁶ **Regreso de la inversión/***Return on Investment* **(ROI)** es un diseño instruccional que revela el verdadero rendimiento de las inversiones correlacionado

el logro del estudiante, gastos, y data sobre la utilización de los recursos dándole a los líderes de los distritos la información necesaria para maximizar los gastos, eliminar la ineficiencia y darle prioridad a las herramientas que promueven mejoras medibles en el resultado de los estudiantes.

[7] **Television de Educacion Nacional/***National Education Television* **(WNET)** El Canal 13 es una estación de televisión pública nacional de educación basada en Newark, Nuevo Jersey, que trae el arte, educación, noticias y contenido de asuntos públicos de calidad a millones de nuestros videntes cada mes a través de su plataforma múltiple ALL ARTS 24/7 un centro de arte y cultura, nuestros caneles e transmisión, tres servicios de cable, TRECE PBS de ninos, Mundo creado, SPOTLIGHTNEWS de NJ y la transmisión de noticias por la red.

[8] **Pistolas NEF** pistola hechas de juguete hechas de plástico con dardos de foam o goma-espuma. NEF significa "espuma recreativa no expansiva."

[9] **Adamiaje/***Scaffolding* liberar y eventualmente pasar la responsabilidad del maestro al estudiante basado en la disposición del estudiante, alineados con los conceptos claves del psicólogo Lev Vygotsky. El mejor ejemplo del andamiaje es darle pistas al estudiante para guiarlos a resolver problemas, ya que esto le ofrece soporte personalizado a los aprendices para que eventualmente actúen de forma independiente.

[10] **Caminata de aprendizaje/***learning walks* un grupo de maestros visitan a múltiples salones de clase en su propia escuela con el fin de entablar conversaciones sobre la enseñanza y el aprendizaje para desarrollar una visión compartida de la enseñanza en un nivel alto que tendrá un impacto sobre el aprendizaje del estudiante.

[11] **Lecturas o classes introvertidas/***Flipped lesson or class* una metodología educative disruptive que cuestiona los métodos tradicionales al intercambiar los roles entre docente y alumnos. El objetivo es fomentar la participación directa de los alumnos en el transcurso de la clases, así como experimentar con conocimientos prácticos. En pocas palabras, los alumnos dirigen la formación, y los docentes se convierten en acompañantes de los alumnos.

Más de Publicación de ConnectEDD

Desde 2015, ConnectEDD ha trabajado para transformar la educación al empoderar a los educadores para que estén mejor equipados para enseñar, aprender y liderar. Lo que comenzó como una pequeña empresa diseñada para proporcionar eventos de aprendizaje profesional para educadores ha crecido para incluir una variedad de servicios para ayudar a los maestros y administradores a abordar los desafíos esenciales. ConnectEDD ofrece entrenamiento educativo y de liderazgo, talleres de desarrollo profesional que se enfocan en una variedad de temas educativos, una lista de educadores asociados reconocidos a nivel nacional que poseen conocimiento práctico y experiencia, conferencias educativas diseñadas a medida para satisfacer las necesidades específicas de las escuelas, distritos y organizaciones estatales/nacionales, apoyo personalizado continuo, tanto virtualmente como en el lugar. En 2020, ConnectEDD se expandió para incluir servicios de publicación posterior diseñados para proporcionar a los educadores ocupados libros y recursos que consisten en información práctica sobre una amplia variedad de temas de enseñanza, aprendizaje y liderazgo. Visítenos en línea en *connecteddpublishing.com* o contáctenos en: *info@connecteddpublishing.com*

Publicaciones recientes:

Vive Tu Excelencia: Guía de Acción por Jimmy Casas

Culturiza: Guía de acción de Jimmy Cases

Inspiración diaria para educadores: pensamientos positivos para todos los días del año por Jimmy Casas

Ojos en la cultura: Multiplique la excelencia en su escuela por Emily Paschall

Haz una pausa, respira, florece. Vive tu mejor vida como educador por William D. Parker

L.E.A.R.N.E.R, Encontrando lo verdadero, lo bueno y lo hermoso en la educación por Marita Diffenbaugh

Consejos de reflexión para educadores Volumen II: Refinando nuestra práctica por Jami Fowler-White

Manejar con cuidado: Manejar las situaciones difíciles en la escuela con dignidad y respeto por Jimmy Casas y Joy Kelly